海底管道内检测作业方法

王增国　崔矿庆
唐建华　冯　健　汪　刚　编著

科学出版社

北京

内 容 简 介

本书主要对海底管道内检测实践进行了全面的介绍,按照评估管道需不需要内检测、计算管道能不能内检测以及如何实现内检测的主线进行组织,具体内容包括对海底管道内检测工作必要性的论述、针对海底管道内检测可行性的分析、海底管道内检测器原理及其技术发展现状、海底管道内检测的流程以及管道风险评估方法等。本书从理论依据、计算算法和工程实践角度详细阐述海底管道内检测的完整流程。成书过程中,作者参考了国内外管道内检测的最新研究成果以及大量海底管道内检测相关的国家、国际以及行业标准,并结合作者多年的海底管道内检测作业实践,旨在使读者对海底管道内检测作业有直观、全面的认识。

本书适合具有一定相关知识的技术人员或现场操作人员使用,同时可以为管道油气储运研究人员提供参考。

图书在版编目(CIP)数据

海底管道内检测作业方法/王增国等编著 . —北京:科学出版社,2017.1
ISBN 978-7-03-051371-7

Ⅰ.①海… Ⅱ.①王… Ⅲ.①水下管道-管道检测-作业-方法 Ⅳ.①U173.9

中国版本图书馆 CIP 数据核字(2016)第 315422 号

责任编辑:张海娜 王 苏 / 责任校对:郭瑞芝
责任印制:张 倩 / 封面设计:蓝正设计

科 学 出 版 社 出版
北京东黄城根北街 16 号
邮政编码:100717
http://www.sciencep.com

北京九州迅驰传媒文化有限公司印刷
科学出版社发行 各地新华书店经销
*
2017 年 1 月第 一 版 开本:720×1000 B5
2017 年 1 月第一次印刷 印张:9 1/4
字数:184 000
定价:80.00 元
(如有印装质量问题,我社负责调换)

前　　言

随着人类钻井足迹从陆地延伸到海洋,海洋能源开发已成为能源工业的一大重要支柱。据国务院安全生产委员会办公室统计的数据显示,海洋石油产量占全国石油总产量的比例从 2000 年的 6.7% 上升到 2015 年的 37%,海底管道总计近7000km,已经覆盖了渤海、南海东西部大部分水域和东海部分水域。

随着管道服役时间的增长,因管道材质问题或施工、腐蚀和外力作用造成的损伤使管道状况逐渐恶化,潜在危险很大。特别是海洋管道,海底自然条件比较恶劣、表层地基不稳定、海浪冲淘以及介质腐蚀等都会导致管壁腐蚀和管壁裂纹的产生。

管道内检测是国内外管道行业公认的管道安全检测的最有效手段,国际上已立法明确应用内检测方法进行管道检测。管道内检测器是以管道输送介质为行进动力,在管道中行走来对管道进行在线直接无损检测,确定管道的变形、腐蚀、裂纹、缺陷程度,为管道运行、维护、安全评估提供科学依据。

如何进行海底管道内检测作业,一直都没有统一的标准。作者根据海洋管道检测多年的经验,借鉴国内外管道内检测作业的先进经验,尝试对海底管道内检测作业进行系统全面的总结。作者相信,本书对海底管道内检测作业具有指导作用,对其他管道内检测也有参考价值。

全书由王增国、崔矿庆、唐建华、冯健和汪刚共同撰写。全书分为三个主要部分。第一部分包含第 1 章和第 2 章,主要介绍如何评估海底管道需不需要做内检测,其中包括海底管道所面临的问题和国内外研究现状,以及管道风险评估方法的介绍;第二部分包含第 3~5 章,主要介绍如何判断管道能不能实施内检测,针对内检测可行性分析,以管道结构和管道内部状态分析为主,从收发球筒的位置结构、管道附件等管道结构上的因素以及管道内结垢、砂沉积、结蜡等内部状态因素进行研究讨论,并以此进行案例分析,从而对内检测可行性分析有更直观化的了解;第三部分包含第 6~9 章,主要介绍海底管道内检测的流程,其中包括海底管道内检测原理的阐述、海底管道内检测器的介绍、检测收发球的流程步骤以及一些特殊情况的应急处理办法。

本书的研究得到了国家自然科学基金项目(61473069、61374124)的资助,在此表示感谢。另外,在成书过程中,东北大学的博士研究生李芳明,硕士研究生李志鹏、孙海明、张鑫博等参与了本书的录入、绘图等工作,在此一并表示感谢。另外,谨向对编写工作给予积极支持和大力帮助的同行和同事表示诚挚的谢意。

在本书写作的过程中,作者始终本着科学、严谨的态度,力求精益求精,但疏漏之处在所难免,敬请广大读者批评指正。

目　　录

第1章 海底管道安全评估

随着 HSE 管理体系在国内外石油天然气工业中得到普遍的认可和推广,安全、健康与环境已经成为国内外各大石油公司强制实施的行业标准。鉴于海底管线在海洋开发中的重要作用,以及影响海底管线安全与可靠的各种因素的不确定性的现实,针对海底管线的安全与可靠性问题,系统地开展海底管线的安全可靠性评估具有十分重要的意义。

1.1 海底管道现状概述

我国近海油气资源丰富,累计探明石油储量约 $22×10^8$ t。从资源潜力看,我国近海地区有望成为未来石油和天然气的重要产区。目前,随着渤海、东海大型油气田群的发现,我国海洋石油和天然气的开发进入了高速发展时期,近海油气田的开发规模将不断扩大、发展,而海底管道是开发海洋领域油气资源的关键所在。近几十年来,全世界每年都有上千公里的海底管线网络在铺设,管线运输已经成为海洋油气的主要输送方式。据不完全统计,在中国海域已铺设海底管道超过 3000km,仅"十五"期间,我国在近海地区就铺设了 1000 多公里海底管线。随着对海洋开发工程的加快,海底管道的建设规模将进一步扩大。

我国现已建成的海底油气集输和长输管道中,有些已服役 10 年以上,这些管道在服役过程中不可避免地产生各种损伤,如内部介质腐蚀、外部海水腐蚀、内压及其他外在联合作用下的应力腐蚀和腐蚀疲劳、第三方机械损伤,以及台风、海流等自然环境荷载造成管道振动而形成的疲劳累计损伤等,这些因素会直接影响海底管道的服役寿命。

1.1.1 海底管道面临的问题

海底管道工作在非常恶劣的海洋环境中,不仅承受着内外压、轴向力、弯矩等静载荷和温度荷载的联合作用,还要承受交变的外压、波浪、海流等动载荷的作用,使管道承受多种荷载的联合作用并引发多种形式的破坏。同时,海底管道中的各种原始缺陷在使用过程中由于疲劳、应力腐蚀会逐渐扩展。海底管道还受到腐蚀性介质的包围,受管道内部介质和外部海水的腐蚀作用,造成随机局部减薄、渔网、锚等外物撞击产生凹陷,沙坡脊的移动会造成海底管线裸露、悬跨等。有的管线出现悬空、平面位移、管体损伤等情况,与原始设计状态有很大差异但未得到重新校核;有的已接近其寿命期甚至延期服役,疲劳破坏和腐蚀的隐患没有得到及时评估,这些管线的隐患对环境和生产造成极大的威胁。损伤和缺陷的存在大大降低了海洋石油管线的承载能力,缩短了管线的使用寿命,同时也威胁着海底管线及海洋生物环境的安全。另外,与化工管道和陆地管道相比,海底管道投资大(每公里30万～100万美元),失效后损失也大。一旦失效,维修费用昂贵,而且原油泄漏会引发海洋环境污染。因此,为了保障海底管线的安全,避免遭受重大经济损失和海洋生态环境的破坏,必须对海底管线进行剩余强度评估和风险分析,为管线的维修、结构承载潜力提供科学合理的决策依据,从而大大提高海底管线的综合经济效益。

风险评估作为现代化管理的重要组成部分,对于具有高投入、高风险、高回报的现代大中型工业设备和工程具有重要的意义。风险评估作为技术手段,其应用领域已不仅仅局限于管理范畴,评估对象越来越广泛。因此,将风险评估理论应用于海底管线的安全可靠性分析,即海底管线风险评估具有一定的开拓意义。海底管线风险评估是在对影响海底管线安全的各种因素分析的基础上,进行海底管线的风险识别,分析和评价各种因素对海底管线的影响程度;通过对海底管线风险识别获得的资料和数据的处理,得到海底管线风险后果的概率、严重程度和大小,从而选择相应的解决措施。

综合上述分析,随着已有管道的使用,在役管道的定期检测和寿命评估非常必要。海底管线是海洋油气资源开发和利用的生命线,它的安全与否直接影响着海洋石油工业和海洋生物与环境的发展。通过系统地分析和研究海底管线损坏的各种因素和机理,综合采用断裂力学、随机有限元理论、可靠性分析等技术进行海底管线剩余强度、剩余寿命及可靠性分析,并采用适合于工程应用的海底管道风险评估理论,开展海底管道的风险评估研究,有效地延长海底管道寿命,提高服役期内海底管道的可靠性,为海上油气田的持续、稳定、合理、高效开发提供理论依据。

海底管道腐蚀缺陷内检测是保证海底管道完整性的一个重要环节。通过对检测所得结果进行分析,可以了解管道的腐蚀发展情况、管道壁的剩余强度以及剩余寿命,这对于制订管道的维护维修计划意义重大。将检测结果与管道的建造记录、运行记录和服役环境等相关数据进行研究,可以获得管体腐蚀缺陷的发生原因、发展趋势等信息,这可以为管道设计、建造和选择减缓腐蚀措施等提供借鉴。

1.1.2　中外海底管道事故案例统计

我国已有近1/3的海底管线进入中后期服役阶段。海底管线的安全问题日益突出。过去重大事故的经验是预防未来发生类似事故的重要信息来源,因而将重大事故的经验以简明、全面的方式记录下来就非常重要。这些信息不仅有益于风险的建模,而且可以作为背景信息解释必须达到一些要求的原因以及这些要求的重要性。表 1.1 和表 1.2 为统计的国内外海底管道事故。

表 1.1　国外海底管道事故

平台名称	时间	事故概况	事故后果
Ekofisk A	1975 年 11 月 1 日	立管疲劳失效破裂	3 人死亡,3 人受伤
Enchova I	1982 年 2 月 15 日	泄漏天然气导致火灾	42 人死亡
Brent A	1988 年 7 月 5 日	法兰衬垫破裂爆炸	浅层气井喷,一人失踪
Piper A	1988 年 7 月 6 日	立管破裂引发火灾	166 人死亡
Jotun A	2004 年 8 月 20 日	管线破裂	溢出气体 130 万 m³

表 1.2　国内海底管道事故

时间	海域	事故概况	事故后果
2000 年	东海	波流冲刷导致平湖油气田岱山段管道疲劳断裂	天然气供应中断,损失逾 2000 万元
2001 年	渤海	渤西油田天然气管道泄漏	停产 40 天,海上维修投资 1000 万元
2002 年	南海	涠洲 12-1 至 11-4A 油田输油管道泄漏	停产 33 天,维修费用 1000 万元,漏油约 4t
2003 年	渤海	悬空段导致埕岛油田 CB251C 至 CB251D 海底注水管道泄漏	—
2005 年	渤海	不法分子打孔盗油导致埕岛油田海管泄漏	300km² 海域遭受污染
2007 年	南海	涠洲 12-1 至 11-4 原油管道腐蚀泄漏	油田停产近 200 天
2007 年	南海	船舶施工导致东方 1-1 油田海底管道泄漏起火	5 名人员烧伤
2008 年	南海	台风导致惠州油田 19-2 和 19-3 海管损伤泄漏	油田停产
2009 年	渤海	埕岛油田 CB25A 至 CB25B 海管因冲刷悬空导致泄漏	—
2011 年	辽东湾	锦州 9-3 油田海底混输管道因船舶起锚作业导致泄漏	—

　　截至 2013 年,中国海洋石油总公司(简称中海油)早期铺设的海底管道发生的事故导致产量损失累计达 212.9 万 m³,直接维修费用支出约 7 亿元人民币,若出现严重环境污染,其用于环境治理及处罚费用将不可估计。在未来,将会有更多的

管道到达设计寿命,部分管道也已经产生事故隐患,一旦发生,不仅应急维修费用高,而且会对社会造成不良的影响,严重时还可能造成人员伤亡。

所以经过安全评价后有针对性地提出治理和维护措施对于海底管道来说是很有必要的。如何科学定量地评价海底管道在役期间的安全状况是保证海底管道安全运行中重要的环节。

1.1.3 海底管道失效因素分析

Demars 对 USGS(U. S. Geologial Survey)记录的海底管道事故进行分析,发现腐蚀、波流冲刷、第三方活动和海床运动是引起海底管道失效的主要原因。图 1.1 是根据 Demars 统计出来的数据绘出的这四种原因历年所引起的海底管道失效数曲线图。

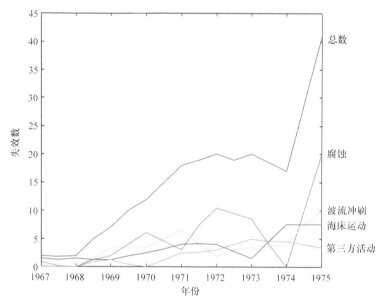

图 1.1　1967～1975 年年间海底管道失效曲线

从图中可以看出,在这四种原因中,腐蚀是引起海底管道失效最主要的原因,由波流冲刷、海床运动和第三方活动引起的海底管道失效数变化相对较小,而腐蚀引起的海底管道失效数变化相对较大,海底管道失效总数基本上呈逐年上升的趋势,这与海底管道服役时间增长以及铺设量增加有关。另外,美国 MMS 也对墨西哥湾 1967～1987 年 20 年间海底管道的失效原因进行了统计,发现腐蚀是引起海底管道失效的主要原因,占总失效数量的 50%。第三方活动和暴风雨是海底管道失效的次要原因,分别占总失效数量的 20% 和 12%,其他不明原因引起的失效占总失效数的 18%,其结果与 Demars 统计的结果基本一致。下面对这几种主要因素进行分析。

1. 腐蚀因素

根据大量的资料分析可知,在很多情况下,腐蚀是海底管道失效的最主要原因,海底管道的腐蚀分为管内腐蚀和管外腐蚀。

管内腐蚀主要是由于管内输送油气中含有氧、水、硫等杂质,这些杂质与管道壁发生化学反应使管内发生化学腐蚀。所以,输送介质的物理化学特性都将直接影响海底的承载能力和使用寿命。在管内腐蚀因素中,主要分析输送介质特性以及管道内部防护措施两个指标。

1) 输送介质特性

(1) 含水量:油气管道中的水能够造成管线的应力腐蚀和电化学腐蚀。

(2) 硫化氢:硫化氢是油气管线中存在的主要腐蚀介质,它是一种强腐蚀性的物质。

(3) 二氧化碳:二氧化碳是引起管线腐蚀的另一个主要因素。

(4) 含盐量:钢材的腐蚀速率随着含盐量的增加而增加,在酸性环境的增加幅度大于碱性环境。介质中所含的盐分主要是硫酸盐和氯化物水溶后产生的。

(5) 介质 pH:介质的 pH 越小,腐蚀性越强。

(6) 介质温度:随着温度的升高,溶液溶度也将增加,从而导致腐蚀反应的扩散系数增大,加速了氧化还原反应的进行,管材的腐蚀速率进而增大。

(7) 流动和冲刷的影响:与静态介质中的腐蚀相比,在流动的管道中,流速较快、腐蚀介质与金属表面的相对运动较大,这导致严重的流动和冲刷腐蚀。

(8) 介质输送压力:随着管线输送压力的增加,硫化氢与二氧化碳气体的分压也随之增高,从而提高管线的腐蚀速率。

2) 管道内部防护措施

海底管道输送的介质对管道本身的腐蚀作用很强,所以一定要采取有效的措施来抑制或者消除这种腐蚀隐患。可以通过一些手段来减缓内部腐蚀的腐蚀速率,如进行管内检测、注入缓蚀剂、进行管内涂层、定期进行清管作业等。

管道外腐蚀主要是电化学腐蚀,在海水或海底土壤等电解质溶液中,管道表面由于失去离子而腐蚀。但是这种腐蚀并不均匀,由于管材的不均匀造成管道各处电位存在差异,高电位区腐蚀严重,而低电位区腐蚀较轻甚至不腐蚀。除电化学腐蚀外,管道外腐蚀可能还有大气腐蚀、化学腐蚀、海生物腐蚀等,其中大气腐蚀仅发生在海底管道暴露在大气中的立管段。管外腐蚀速度与海水和土壤的电阻、温度、含盐度、含氧量、海流流速、海洋生物浓度等有关。

管道外腐蚀因素主要有以下几种。

(1) 海水温度:海水作为包裹着管线的特殊水环境,其温度影响着各种化学反应的速率,直接影响海底管线腐蚀的速率。

（2）溶解氧：海水溶解氧的含量高会加剧管线表层的氧化速度。

（3）含盐度：当海水含盐度高时，在一定程度上会造成管线局部腐蚀的深度发展，即加重腐蚀程度。

（4）pH：pH反映了海水的酸碱性，也直接影响海水的腐蚀性。

（5）流速：海水的流速能够影响腐蚀物质与海底管线表面相互作用的效果，进而影响腐蚀速率。

（6）海生物附着面积：海生物对管线腐蚀作用的效果是很复杂的，海生物附着在管线上生存，需要消耗氧气，这使得管线的腐蚀作用减轻，却更大程度上造成了对管线保护层的破坏。因为海生物在海底管线上的附着是不均匀的，这就导致其附着部位与未附着部位之间能够形成氧浓差电池，这种效果在海生物死亡之后更加显著。

（7）设施暴露状态：设施的暴露部分与大气接触会造成腐蚀。

管道防腐一般采用下列几种措施。

（1）阴极保护是一种常见的预防金属管道腐蚀的手段，同样可作为海底管线的防腐措施。将海底管线与比其更容易失去电子的活性金属相连接，使管线自身成为一个阴极端，从而保护管线金属不遭受损失。常见的阴极保护手段有两种：电镀型和强制电流型。

（2）包覆层作为防止管道腐蚀的第一道防线，包覆层的作用是在管壁和电解质之间设置一道屏障。

（3）管地电位测试桩是监控阴极保护效果的首选方法，也是海岸管道中的常用方法。

（4）密间隔检测几乎可以发觉所有的区域性干扰或潜在的腐蚀活动。对于海底管道进行的密间隔检测技术包括在管道上方的水中拖出一个电极，不间断地读取管道和管道周围环境之间的电压读数。

2. 第三方因素

在《管道风险管理手册》中，将管道系统的第三方破坏风险细分为七类子因素，它们分别为：管线覆盖层最小深度、活动程度、地面设施、直呼系统、公共教育、管道用地标志和巡线频率。

第三方破坏是指由于第三方的海上活动而导致海底管道发生的破坏。当海底管线埋设区属于港口航道区或者渔业活动频繁的区域时，就容易受到船只抛锚、拖锚、拖网以及重物坠落的影响。尤其是当海底管线埋设较浅，或者受到波浪的反复冲刷引起管线暴露或者悬跨时，存在的安全隐患就更加不容忽视。除此之外，在海底管线的第三方破坏因素中，包含操作平台的活动或在其他管道上工作的职员所引起的破坏。海底管线上方若存在海上施工作业，那么管线还将受到施工和坠落物体撞击的危险,它主要是指由于非管道员工的行为造成的所有的管道意外损害。人类活动对陆上管线系统影响比较大,导致它面临诸如挖掘设备、抛射物、交通车辆、火车、农机、栅栏住、电线杆等的破坏。海底管线系统运行环境与路上管线相比较为特殊,所以较之陆上管线,其第三方破坏因素差别较大。

3. 环境影响因素

海底管线处于动荡不定的海水环境中,由于海床受到冲刷或侵蚀而使埋藏的管道失去遮盖,它就会暴露于水流载荷和沿海床漂流的碎片或物质所形成的冲击载荷之中。如果海床受到进一步的冲刷或侵蚀,管道跨距就可能会变得无支撑。如果出现这种情况,在重力和波流的共同作用下,管道就会受到附加应力。如果这些应力达到足够严重的程度,就可能出现包覆层破坏、管道弯曲或断裂等后果。长此以往,上述作用周而复始,疲劳载荷最终会将管道削弱到屈服点而造成破坏。

海底管线在海洋环境中服役期间,不仅要经受波浪、海流、潮汐的反复冲刷作用,还有可能遭遇海啸、飓风、地震等自然灾害的影响。当遭遇恶劣的自然灾害时,海上油气开发平台会存在极大的安全隐患,很多平台的倾覆、油轮的搁浅、沉没都是由自然灾害造成的。所以在设计海底管线时,一定要根据所处环境特性来确定管线的各种参数以及灾害的防范措施。

虽然,自然因素作为一种不可抗因素,其对影响海底管线安全运行的潜在威胁是不可避免的,但是仍然可以采取人为的手段来降低该因素对管线的影响。例如,可以搜集管线所在区域的气候条件、水文条件、自然灾害的历史数据,在设计管线时根据实际情况确定各指标系数。而在管线运行期间,最有效的预防措施就是监测。

1) 定期监控
通过各种各样的测量对海底管道实施监控,是一种有效的间接预防措施,精确的测量可以使操作者对容易遭受外部破坏的管段提高警惕。定期的、设计周详的测量可以得到有关管道位置、覆盖层深度以及水深等确切信息。

2) 持续监控
这种装置可以是直接的指示器,如管壁上面的变形测量仪,也可以是间接的指示器,如海床或水流监视器。持续监控的好处是在发生异常情况时,便立即采取矫正措施,弥补定期测量的不确定性。

4. 误操作因素

影响海底油气管道结构安全的另一个重要指标就是误操作因素,许多重大海底管线事故都是由于海底管线工作人员的错误操作造成的。通过设计误操作、施工误操作、运行误操作以及维护误操作四个方面来讨论各子因素对管线失效的影响机制以及重要性。

（1）设计误操作主要是指相关人员在进行海底管线设计阶段出现的失误。这些失误主要表现为地质勘测的不准确、铺设区自然灾害隶属数据的不全面、管线及系统的安全系数确定偏差、设计方案选择的不合理等。而造成这些失误的主要原因往往是观点设计人员的专业水平较低以及经验不足。设计人员的失误对管线日后的安装、运行、维护影响很大，很可能大大缩减管线的使用寿命，引起管线的失效，进而造成严重的经济损失和环境破坏，所以必须引起高度的重视。

（2）施工误操作是指在海底管道的施工阶段，由于各种错误的或者不正规的操作方式给管线日后的运行造成的安全隐患。海底管线的常规安装方法是先在施工船上进行管线的焊接、组装，然后将管道放入事先挖好的沟渠中，进行回填掩埋；或者是利用高压水冲法在海底对管道实施挖掘掩埋作业。管线运行环境的恶劣及施工条件的艰苦，造成管线施工阶段极易出现缺陷。而这种施工缺陷在通过最初的压力测试进入运行阶段后，极有可能发生海底管线系统的失效。影响海底管线施工质量的因素很多，例如，管材的出厂质量、施工人员的资质和经验水平、施工方案的选择以及施工设备的先进程度等。

（3）运行误操作在整个误操作影响因素总指标中所占的地位非常重要。因为在这一阶段，工作人员的一个失误和疏忽就可能导致管道系统的直接失效。运行阶段具有可观察性和可控制性强的特点，所以在条件允许的情况下，应该建立适当的干预点作为介入运行阶段的一种手段。

（4）维护操作本是一种降低管线风险、延长管线使用寿命的有效手段，但是不恰当的维护反而会给管线带来破坏。

1.1.4　国内外研究现状

研究腐蚀海底管线的剩余强度、可靠性分析与安全评估是全面评价海底管线在服役过程的安全可靠性能和预期寿命、有效预防海底管线失效、提高海底管线可靠性、延长海底管线寿命的重要应用性理论研究。

目前，国内外在管道安全评估方面已经开展了许多研究，各种缺陷对管道安全性的影响已经有了一些评估方法。但是对于受到复杂动态海洋环境荷载和工作荷载作用下的含缺陷海底管线的安全性评估在国内外的研究较少。海管评估、海管设计和设计校核所基于的理论本质是一致的，只是过程和目的不同。评估是判断已投产运行了较长时间的海管在其本身改变和其所受荷载改变发生后，是否满足工艺要求和具有足够抵抗所有荷载的能力。海管本身的改变主要指海管出现腐蚀、裂纹、疲劳损伤或其他损伤，所受荷载改变主要指海管运行压力、路由、悬跨长度及所在海域的风、波浪、海流、浮冰等海况的统计数据的改变等。针对海管本身改变的评估包括腐蚀缺陷评估和裂纹缺陷评估。针对海管所受荷载而改变的评估包括内承压状态评估、自由悬跨评估、底部稳定评估、整体屈曲评估与局部屈曲评估。海管评估要基于海管的各项数据主要包括：①海管设计、施工、运行、变更、维护等过程中的基础性数据以及各类环境数据，这些基础数据的收集和整理是非常重要的；②当前海管状况及其所处环境状况的检测数据，即当前海管本身及其所受荷载而改变后的检测数据，它是评估所需要的关键数据。因此没有检测就没有评估，检测是评估的基础，评估是检测的目的。利用管道内检测得到的第一手数据，结合管道安全分析与评价方法（如因果分析法、失效模式分析法、故障树分析法、道化学危险指数法、肯特危险指数分析法等），定量、定性地分析管道安全隐患。

我国有关海底油气管线安全评估的研究工作起步较晚。虽然国外针对海底油气管线的安全评估已经取得了丰厚的研究成果，但是由于管线安全评估指标因素的确定以及权重受各国的设计规范、标准以及国情影响，所以不能直接照搬国外的安全评估模型。因此，我国学者必须根据我国的国情以及已有的管线设计标准来建立适用于我国的管线安全评估指标体系，与实际工程更有效地结合起来。

1. 海底管道剩余强度评价

20 世纪初，世界各国就开始了关于含缺陷管道腐蚀破坏机理和剩余强度评价的研究，也相应地出台了具有代表性的一些评价标准或方法。20 世纪 60 年代末 70 年代初，美国得克萨斯州东部输气公司和美国天然气协会（AGA）的管道研究委员会共同发起对管道腐蚀的研究，主要运用断裂力学的方法研究了裂纹缺陷的扩展机理和失效模式以及缺陷评估方法等，在研究的基础上提出了表面缺陷评估公式，用来计算腐蚀管道的剩余强度。在此基础上，经过一些试验验证，提出了评估腐蚀管道的准则，即 B31G 准则。1984 年，美国机械工程师协会把 B31G 准则收录到管道设计的规范中，即 ANSV ASME B31G 标准。针对标准的保守性，1989 年，美国天然气协会又进行研究，对 B31G 准则保守的原因进行了研究分析，根据研究结果对 B31G 准则进行了修正，得到了修正的 B31G 准则，已广泛应用于管道工业，用于评估腐蚀管道的剩余强度。

1999 年，由英国燃气公司（BG）和挪威船级社（DNV）合作开发了 DNV-RP-F101 标准。该标准把缺陷分为单个缺陷、相互作用缺陷和复杂形状缺陷几种类型，标准的开发和验证过程中采用了大量的三维、非线性、弹塑性有限元分析结果。近年来，随着计算机技术的快速发展，很多学者采用了有限元分析腐蚀管道的剩余强度，取得了很大的进展。

用有限元方法分析腐蚀管道剩余强度，是近几年提出的新方法，由于这种方法考虑了多种载荷的联合作用，同时可以模拟复杂的腐蚀形状，因而使分析模型更加接近实际，结果更加精确和客观。以弹塑性力学理论为基础，建立适当的模型，分析管道剩余强度是评价管道剩余强度的另一种方法，但是这种模型对于不同的腐蚀情况,得到的结果并不稳定,还需要进一步研究。近年来,神经网络也被引入了管道剩余强度评价的研究中。

2. 海底管道安全评价分析

海底管道安全评价主要依据管道失效模式并结合相应的标准,基于海底管道设计参数、运行参数、现场检测数据以及多种变更数据,研究已服役一段时间的海底管道在外力作用下的力学行为,合理评价和判断不同受力条件下是否能满足其设计工艺要求和承压能力。目前,国际上针对管道安全主要采用以下四种评价模式:管线风险性评价、管道适用性评价、管道完整性评价和管道可靠性评价。

1) 管线风险性评价

海底管线的风险性评价是运用科学、合理的风险分析手段对管线进行风险分析,为管线的风险控制、风险决策提供可靠的依据,实现海底管线的风险管理,以降低风险,实现合理的调配和利用现有资源,同时获得最大的经济和社会效益。对服役期管线进行风险分析,可以弄清影响海底管线安全的可变因素与不可变因素,有针对性地制订安全维护计划,进而减少海底管线安全事故发生的风险。对同一管线系统中不同管线进行风险评估,可以明确各管线运行状况及薄弱环节,进行风险严重程度的排序,进而确定控制风险的最佳时机。此外,通过分析其他管线系统的事故原因,查询数据库信息,可以查明现有管线系统是否有相似的问题存在,以做好风险防范工作。

风险评价的目的就是维护油气管道系统的运行稳定,在不影响生产的情况下,将危险因素一一排除,并按照危害程度逐一判断管道风险发生的概率,针对每种风险的特点制定相应的排除措施以保证管道系统安全运行。

2) 管道适用性评价

管道适用性评价技术以弹塑性力学、断裂力学和可靠性分析原理为理论基础,对含有缺陷的管道结构进行定量评估,从而判断其能否继续使用以及如何继续使用。常用的管道适用性评价方法有:基于失效评价图的评价方法、模糊遗传神经网络评价方法和概率断裂力学评价方法。自 20 世纪 80 年代以来,适用性评价方法逐渐完善,至今已形成了兼具安全性和经济性的评价体系。

3) 管道完整性评价

管道完整性评价是在役管道完整性管理的重要环节,是指对所有影响管道完整性的因素进行综合的、一体化的评价。现役管道完整性评价研究始于 20 世纪70 年代,由美国、德国、法国、日本等发达国家最先成立了"国际管道完整性研究工作组",并制定了一系列管道剩余强度和剩余寿命的计算方法及评价标准。《输气管道的管理系统完整性》(ASME B31.8S—2001)和《危险液体管道的完整性管理》(SY/T 6648—2006)是完整性评价领域的两大主流标准,它们的对象分别为气体输送管道和有害液体管道。国内管道的安全评价与完整性管理始于 1998 年,主要是应用在输油管道上,目前尚未形成独立的管道完整性管理体系,只有相关的标准法规如《含缺陷油气输送管道剩余强度评价方法》(SY/T 6477—2014)等。

4) 管道可靠性评价

所谓一般管道的可靠性评价,是就管道系统的某一部分或整体的结构性质,按照可靠性理论计算某些指标,然后根据这些指标评价该管道的某部分或整体是否可靠。可靠性评价是对管道结构进行损伤评估、模式识别和可靠度分析。在 20 世纪 80 年代初,美国学者对现役结构的安全性和可靠性进行了系统的总结,提出了以损伤函数、模式识别以及模糊集合三个方面为主的现役结构可靠性评价方法。同期,我国学者赵国藩、李云贵总结了现役结构载荷效应和抗力的特点,给出了相关的可靠度分析方法和程序,并讨论了破损状态的模糊分析等问题。

1.2　腐蚀海底管道剩余强度评价

海底管道剩余强度评价的目的是研究缺陷在某一操作压力下是否允许存在,确定当前腐蚀缺陷下的剩余强度和最大允许工作压力(失效压力)以及在某一工作压力下允许存在的最大腐蚀缺陷尺寸等,从而科学地指导管道的维修计划和安全生产管理,为制定海底管道检测周期提供科学依据。既保证海底管道运行的安全性,又保证海底管道使用的经济性。

1.2.1　概述

海底管道剩余强度评价是海底管道适用性评价和完整性评价的重要组成部分,是进行海底管道剩余寿命预测、可靠性分析和风险评价的基础。为了确定腐蚀缺陷对管道结构安全性的危害程度,有必要评估管道的剩余强度,确保管道在服役期限内的安全使用。

剩余强度和最大允许工作(失效)压力的计算是剩余强度分析和评价的主要组成部分。目前主要采用经验或半经验的公式和国内外常用的规范进行计算。剩余强度和最大工作(失效)压力的计算是建立在失效模式基础上的,不同的失效模式有不同的计算方法。通常,脆性断裂是以应力强度因子为基础的,弹塑性断裂是以腐蚀裂纹缺陷张开位移 δ 为基础的。

20 世纪 60 年代末 70 年代初,美国得克萨斯州东部输气公司和美国天然气协会的管道研究委员会共同发起对管道腐蚀的研究。在研究的基础上提出了表面缺陷评估公式,用来计算腐蚀管道的剩余强度。在此基础上,经过一些实验验证,提出了评估腐蚀管道的准则,即 B31G 准则。1984 年,美国机械工程师协会把 B31G 准则收录到管道设计的规范中,即 ANSV ASME B31G 标准,已广泛应用于管道工业,用于评估腐蚀管道的剩余强度。

B31G 准则中,完好管道的最大允许设计压力为

$$P = \frac{2\mathrm{SMYS}}{D_\mathrm{o}} t \tag{1.1}$$

式中,P 为最大允许设计压力,MPa;SMYS 为管材的最小屈服强度,MPa;t 为壁厚;D_o 为管道的内直径。

最大许用压力计算方法如下。

(1) 对于短腐蚀,腐蚀区的金属损失用抛物线来近似时,最大许用压力为

$$P' = 1.1 P \left[\frac{1 - \dfrac{2}{3}\left(\dfrac{d}{t}\right)}{1 - \dfrac{2}{3}\left(\dfrac{d}{t\ \sqrt{N^2 + 1}}\right)} \right] \tag{1.2}$$

(2) 对于长腐蚀,腐蚀区的金属损失用矩形来近似时,最大许用压力为

$$P' = 1.1 P \left[\frac{1 - \left(\dfrac{d}{t}\right)}{1 - \left(\dfrac{d}{t\ \sqrt{N^2 + 1}}\right)} \right] \tag{1.3}$$

式中,N 由式(1.4)计算,L 为缺陷轴向长度:

$$N = 0.894 \left(\frac{L}{\sqrt{D_\mathrm{o} t}} \right) \tag{1.4}$$

(3) 当腐蚀很长时,最大许用压力计算可简化为

$$P' = 1.1 P \left(1 - \frac{d}{t} \right) \tag{1.5}$$

因为 B31G 准则的基础是断裂力学的表面缺陷评估公式,此公式基于一定的假设和简化,所以用 B31G 标准来评估腐蚀管道时具有很大的局限性,有时给出非常保守的结果,致使一些管道被没有必要地拆除和更换,造成了不必要的浪费。针对标准的保守性,1989 年,美国天然气协会又进行了研究,对 B31G 准则保守的原因进行了研究分析,根据研究结果对 B31G 准则进行了修正,得到了修正的 B31G 准则。

修正后,B31G 准则中的最大许用压力公式为

$$P' = \frac{(\mathrm{SMYS} + 68.95)\dfrac{2t}{D_\mathrm{o}}(1 - 0.85(d/t))}{1 - 0.85(d/t)M_T^{-1}} \tag{1.6}$$

M_T 是"Folias"系数,它是 L、D_o 和 t 的函数,由式(1.7)确定:

$$M_T = \sqrt{1 + \frac{2.51\,(L/2)^2}{D_o t} - \frac{0.054\,(L/2)^4}{(D_o t)^2}} \tag{1.7}$$

修正后的标准可得出更好一些的结果,且大大提高了评估速度。

目前,国际上常用的含缺陷海底管道剩余强度评价方法的标准包括 ASME B31G、DNV-RP-F101、PCORRC、API 579、有限元分析方法等。这些评估方法形成于不同时期,研究的管道强度也不尽相同。

1.2.2 管道剩余强度评价方法

DNV-RP-F101 标准基于全尺寸实验和有限元分析,极限内压载荷计算保守性相对较低,且与海上标准《海底管道系统规范》(DNV-OS-F101)中采用的安全原理一致,所以本书在评估海底腐蚀管道剩余强度时,采用更符合海底管道工程实际情况的 DNV-RP-F101 标准。

DNV-RP-F101 标准不但考虑了内压,而且考虑了管道所受的轴向和弯曲载荷。它提供了两种安全准则不同的腐蚀缺陷评价方法。

(1) 分项安全系数法:安全准则根据 DNV 近海标准和海底管道系统标准来确定。该方法使用了概率修正方程——分项安全系数来确定腐蚀管道的许用操作压力。

(2) 许用应力法:根据许用应力设计(ASD)标准。对于缺陷尺寸的不确定性,需要计算者自行判断。

1. 分项安全系数法

分项安全系数法是基于 DNV 海底管道系统海洋标准(OS-F101)的安全原则,采用与其相同的分项安全系数方法,考虑到缺陷深度尺寸不确定和材料性质的不确定因素,给出了用于确定受腐蚀管道的许用操作压力的概率标定方程。当许用操作压力值大于管道工作压力时,可以判定海底管道安全。DNV-OS-F101 对四种不同水平的检测精度和三种不同的可靠性水平按照其划分的安全等级给出了相关的失效后果,并将分项安全系数分为常用的两类(基于相对测量和绝对测量的检测方法)。

1) 可靠性水平

管道的安全等级一般根据安全/位置等级、介质种类以及风险后果来划分。表 1.3 为目标在极限状态下的年平均失效概率和安全等级划分。

表 1.3　目标在极限状态下的年平均失效概率和安全等级划分

安全等级	年平均失效概率
高	$<10^{-5}$
一般	$<10^{-4}$
低	$<10^{-3}$

一般来说,位于活动不频繁区域的海底油气管道,其安全等级为一般;位于活动频繁区域的管道和立管的安全等级为高级;低安全等级则指的是如水管之类的管道。

2)分项安全系数和分位数值

分项安全系数可作为确定缺陷深度测量准确性的函数,适用于相对深度测量和绝对深度测量的检测。对于基于相对深度测量的检测,测量值精度一般用壁厚的百分比表示。而在绝对深度的检测中,可以直接引用测量值精度。

失效方程以两个分项安全系数 γ_m 和 γ_d,以及相应特征值的分位数水平 ε_d 为基础。

安全系数取决于安全等级(通常从设计阶段开始)、检测方式(相对或者绝对)、检测精度和置信系数水平。

安全系数 γ_m 如表 1.4 所示,适用于相对深度测量(如漏磁 MFL、智能清管器检测)、绝对深度测量(如超声波测厚或管壁损伤检测)。MFL 是一种相对的测量方法,其缺陷深度测量和精度都是壁厚的分数。超声波检测是一种绝对检测,局部壁厚、缺陷深度测量和精度都是直接给出的。

表 1.4　分项安全系数 γ_m 的值

测量方式	安全等级		
	低	一般	高
相对测量	$\gamma_m = 0.79$	$\gamma_m = 0.74$	$\gamma_m = 0.7$
绝对测量	$\gamma_m = 0.82$	$\gamma_m = 0.77$	$\gamma_m = 0.72$

通过检测精度和置信度可以计算出尺寸精度的标准偏差 $StD[d/t]$。

(1)基于相对深度测量的标准偏差。置信度表示测量值中属于给定尺寸精度范围内的部分。假定其为一个正态分布,则变量 d/t 的标准偏差在置信度为 80% 和 90% 时的计算结果如表 1.5 所示。

表 1.5　标准偏差和置信水平

相对尺寸测量精度	置信度水平	
	80%	90%
精确值±0%壁厚	StD[d/t]=0.00	StD[d/t]=0.00
±5%壁厚	StD[d/t]=0.04	StD[d/t]=0.03
±10%壁厚	StD[d/t]=0.08	StD[d/t]=0.06
±20%壁厚	StD[d/t]=0.16	StD[d/t]=0.12

（2）基于绝对深度测量的标准偏差。表 1.6 是在不同程度的检测精度和安全等级下的安全系数和分位数值。

表 1.6　分项安全系数和分位数值

绝对尺寸精度 StD[d/t]	ε_d	安全等级		
		低	一般	高
0.00	0.0	γ_d=1.00	γ_d=1.00	γ_d=1.00
0.04	0.0	γ_d=1.16	γ_d=1.16	γ_d=1.16
0.08	1.0	γ_d=1.20	γ_d=1.28	γ_d=1.32
0.16	2.0	γ_d=1.20	γ_d=1.38	γ_d=1.58

在实际应用中，如果在表 1.6 中找不到相应的标准偏差值，则分项安全系数和分位数值可以通过表 1.7 确定。

表 1.7　分项系数和分位数值的计算多项式

安全等级	γ_d 和 ε_d	取值范围
低	$\gamma_d=1.0+4.0a$	$a<0.04$
	$\gamma_d=1+5.5a-37.5a^2$	$0.04 \leqslant a \leqslant 0.08$
	$\gamma_d=1.2$	$0.08 \leqslant a \leqslant 0.16$
一般	$\gamma_d=1+4.6a-13.9a^2$	$a \leqslant 0.16$
高	$\gamma_d=1+4.3a-4.1a^2$	$a \leqslant 0.16$
全部	$\varepsilon_d=0$	$a \leqslant 0.04$
	$\varepsilon_d=-1.33+37.5a-104.2a^2$	$0.04 \leqslant a \leqslant 0.16$

注：表中 a 代表 StD[d/t]。

3）轴向压力的使用系数

轴向压力的使用系数如表 1.8 所示。

表 1.8 使用系数

安全等级	使用系数
高	$\xi=0.90$
一般	$\xi=0.85$
低	$\xi=0.80$

（1）单个腐蚀缺陷评估流程。

在实际应用中，腐蚀缺陷所受载荷类型多样，要求缺陷深度测量值不能超过全壁厚的 85%。当海底腐蚀管道只受到内压荷载作用时，可以按照下面的公式来计算单个腐蚀缺陷海底管道的许用压力值：

$$P_{corr}=\gamma_m \frac{2t \cdot SMTS}{(D-t)} \frac{(1-\gamma_d (d/t)^*)}{\left(1-\dfrac{\gamma_d (d/t)^*}{Q}\right)} \tag{1.8}$$

式中，P_{corr} 为单个腐蚀缺陷的许用工作压力，MPa；D 为海底管道外径，mm；d 为腐蚀缺陷深度，mm；t 为海底管道壁厚，mm；SMTS 为最小拉伸强度极限，MPa；Q 为长度校正系数，$Q=\sqrt{1+0.31\left(\dfrac{l}{\sqrt{Dt}}\right)^2}$，$l$ 为腐蚀缺陷长度，mm；γ_m 为模型预测的分安全系数；γ_d 为腐蚀深度的分安全系数。其中，$(d/t)^* = (d/t)_{meas} + \varepsilon_d \cdot StD[d/t]$，$\varepsilon_d$ 为定义腐蚀深度的分数值系数，$StD[d/t]$ 为测量比率的标准方差。如果 $\gamma_d (d/t)^* \geqslant 1$，则 $P_{corr}=0$，且测量的缺陷深度超过 85% 是不可接受的。

（2）相互作用缺陷评估流程。

严格地说，相互作用的规则对仅受内压荷载的缺陷才有效。按照使用者的判断能力，这些规则可以用来确定在其他荷载条件下相邻的缺陷是否相互作用。但是，在其他荷载条件下使用这些相互作用规则可能是不保守的。相互作用缺陷海底管道安全评估时必不可少的资料如下：

① 每一个缺陷沿管道环向的角度位置；

② 相邻缺陷之间的纵向间距；

③ 缺陷在内表面还是在外表面；

④ 每个独立缺陷的长度、宽度、深度。

如果相邻缺陷满足下列任一条件，那么可以把缺陷作为单独缺陷进行处理。

① 相邻缺陷的环向角 φ(°)满足：

$$\varphi>360\sqrt{\frac{t}{D}} \tag{1.9}$$

② 相邻缺陷的纵向间距 s 满足：

$$s>2.0\sqrt{Dt} \tag{1.10}$$

在评估具有相互作用缺陷的海底腐蚀管道时,可以按照如下步骤进行最小预期失效压力的计算与评估。

步骤 1:对于有基底金属损失(小于壁厚的 10%)的区域,可以使用局部管壁厚和缺陷的深度。

步骤 2:管道被腐蚀的部分应当分成许多段,每段的最小长度为 $5.0\sqrt{Dt}$,并且段与段间有一个最小 $2.5\sqrt{Dt}$ 的重叠。

步骤 3:以下面的环向角构成一系列纵向投影线:

$$Z = 360\sqrt{\frac{t}{D}} \tag{1.11}$$

步骤 4:依次考虑每条投影线。如果缺陷位于 $\pm Z$ 内,则应投影到当前的投影线上。

步骤 5:在缺陷重叠部分,它们应当组合成一个复合缺陷。以组合的长度和最深缺陷的深度作为长度和深度。假如这个复合缺陷是由管内和管外缺陷叠加形成的,则此复合缺陷的深度是管内和管外缺陷最大深度之和。

步骤 6:计算每个缺陷的受腐蚀管道许用压力 $(P_1, P_2, \cdots, P_n)$ 直到第 n 个缺陷,对每个缺陷或复合缺陷按单个缺陷处理。

步骤 7:计算相邻缺陷所有组合的组合长度 l_{nm}。

步骤 8:按下列公式计算所有相互作用缺陷形成的组合缺陷的有效深度:

$$d_{nm} = \frac{\sum\limits_{i=n}^{m} d_i l_i}{l_{nm}} \tag{1.12}$$

步骤 9:在单个缺陷公式中用 l_{nm} 和 d_{nm} 计算 $n-m$ 的组合缺陷的腐蚀管道许用压力值 P_{nm}:

$$P_{nm} = \gamma_m \frac{2tf_u}{(D-t)} \frac{(1-\gamma_d (d_{nm}/t)^*)}{\left(1 - \dfrac{\gamma_d (d_{nm}/t)^*}{Q_{nm}}\right)}, \quad n,m = 1, \cdots, N \tag{1.13}$$

式中

$$Q_{nm} = \sqrt{1 + 0.31\left[\frac{l_{nm}}{\sqrt{Dt}}\right]^2} \tag{1.14}$$

$$(d_{nm}/t)^* = (d_{nm}/t)_{meas} + \varepsilon_d \cdot StD[d_{nm}/t] \tag{1.15}$$

式(1.15)的各符号含义同前,如果 $\gamma_d (d_{nm}/t)^* \geqslant 1$,则 $P_{corr} = 0$。

步骤 10:对当前投影线的腐蚀管道许用压力按当前投影线上所有单个缺陷 $(P_1, P_2, \cdots, P_N)$ 和所有单个缺陷组合的最小失效压力 (P_{nm}) 取:

$$P_{corr} = \min(P_1, P_2, \cdots, P_N, P_{nm}) \tag{1.16}$$

步骤 11:取每个绕环向投影线计算的腐蚀管道最小许用压力值作为腐蚀管道

许用压力。

步骤 12:对下一腐蚀管段重复步骤 3～步骤 11。

2. 许用应力法

许用应力法首先计算腐蚀缺陷海底管道的失效压力,并将该压力乘以一个基于管道初始设计系数的单一使用系数。如果计算出的海底腐蚀管道承载能力(即失效压力)大于海底管道的工作压力,那么可以判定海底腐蚀管道为安全。

(1) 单个腐蚀缺陷评估流程。

$$P_f = \frac{2t \cdot UTS}{(D-t)} \frac{(1-d/t)}{(1-d/(tQ))} \tag{1.17}$$

$$P_{sw} = FP_f \tag{1.18}$$

式中,P_f 为海底腐蚀管道的失效压力,MPa;D 为海底管道外径,mm;d 为腐蚀缺陷深度,mm;t 为海底管道壁厚,mm;UTS 为海底管道管材拉伸强度极限值,MPa;Q 为长度校正系数,$Q = \sqrt{1 + 0.31 \left[\frac{l}{\sqrt{Dt}} \right]^2}$,$l$ 为腐蚀缺陷长度,mm;F 为使用系数,$F = F_1 F_2$,其中,标准系数 $F_1 = 0.9$,F_2 为操作使用系数,值一般取为管道设计数;P_{sw} 为海底腐蚀管道的安全工作压力,MPa。

(2) 相互作用缺陷评估流程。

许用应力法的相互作用规则与分项安全系数法规则一样,只严格对仅受内压载荷作用的缺陷管道有效,且在腐蚀缺陷海底管道安全评估时必须包括下列数据:

① 每一个缺陷沿管道环向的角度位置;

② 相邻缺陷之间的轴向间距;

③ 缺陷在内表面还是在外表面;

④ 每个独立缺陷的长度、宽度、深度;

如果相邻缺陷满足下列任一条件,那么可以把缺陷作为单独缺陷进行处理。

① 相邻缺陷的环向角 φ(°)满足:

$$\varphi > 360 \sqrt{\frac{t}{D}} \tag{1.19}$$

② 相邻缺陷的纵向间距 s 满足:

$$s > 2.0 \sqrt{Dt} \tag{1.20}$$

在评估具有相互作用缺陷的海底腐蚀管道时,可以按照如下步骤进行最小预期失效压力的计算与评估。

步骤 1:对于基底金属损耗的区域(小于壁厚的 10%),可以使用局部管壁厚和缺陷的深度。

步骤 2:将管道的腐蚀截面分为最小长度为 $5.0 \sqrt{Dt}$ 的小段,并且至少有 $2.5 \sqrt{Dt}$

的重叠。对于每个截成的长度重复步骤 3～步骤 12 以评估所有可能的相互作用。

步骤 3:按下列的环向角建立一系列纵向投影线:

$$Z=360\sqrt{\frac{t}{D}} \tag{1.21}$$

步骤 4:依次考虑每一条投影线。如果缺陷处于 $\pm Z$ 内,就应该将它们投影到当前的投影线上。

步骤 5:在缺陷重叠外,它们应该组合形成一个复合缺陷。形成的复合缺陷使用组合的长度和最深缺陷的深度。如果复合缺陷含有重叠的内外缺陷,那么,复合缺陷的深度是内外缺陷最大深度之和。

步骤 6:计算每个缺陷至第 n 个缺陷的失效压力,将每个缺陷或复合缺陷作为单个缺陷处理。

步骤 7:计算所有相邻缺陷组合的组合长度 l_{nm}。

步骤 8:计算所有相互作用缺陷 $n\sim m$ 形成的组合缺陷有效深度,其公式为

$$d_{nm}=\frac{\sum_{i=n}^{m}d_i l_i}{l_{nm}} \tag{1.22}$$

步骤 9:使用单个缺陷公式中 l_{nm} 和 d_{nm} 去计算组合缺陷的失效压力 P_{nm}:

$$P_{nm}=\frac{2tf_u}{(D-t)}\frac{\left(1-\dfrac{d_{nm}}{t}\right)}{\left(1-\dfrac{d_{nm}}{tQ_{nm}}\right)} \tag{1.23}$$

式中

$$Q_{nm}=\sqrt{1+0.31\left[\frac{l_{nm}}{\sqrt{Dt}}\right]^2} \tag{1.24}$$

$f_u=$ UTS(拉伸强度极限),MPa;其他符号具体含义同前。

步骤 10:取所有单个缺陷($P_1,P_2,\cdots,P_N$)和所有单个缺陷组合(P_{nm})的失效压力作为当前投影线的最小失效压力。

$$P_f=\min(P_1,P_2,\cdots,P_N,P_{nm}) \tag{1.25}$$

步骤 11:计算相互作用缺陷作用在当前投影线的安全工作压力 P_{sw}:

$$P_{sw}=FP_f \tag{1.26}$$

式中,F 为使用系数,$F=F_1F_2$,其中标准系数 $F_1=0.9$,F_2 为操作使用系数,值一般取为管道设计系数;P_{sw} 为海底腐蚀管道的安全工作压力,MPa。

步骤 12:取圆周环向每条投影线的最小安全工作压力为腐蚀管道截面的安全工作压力。

步骤 13:对受腐蚀的管道的下一截面重复步骤 3～步骤 12。

图1.2为近海标准海底腐蚀管道安全评估流程图。

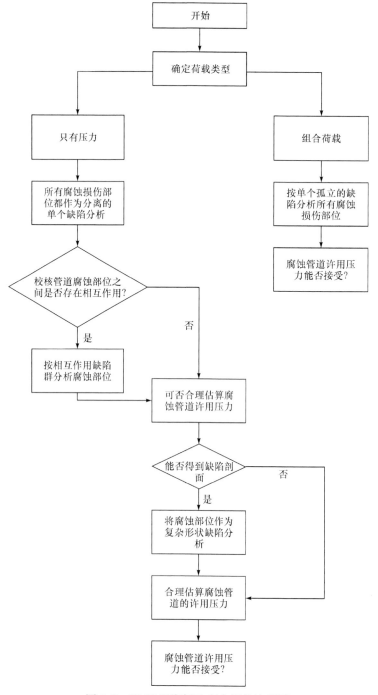

图 1.2　DNV 近海标准安全评估流程图

1.2.3　小结

腐蚀缺陷对管道结构安全性有危害,有必要评估管道的剩余强度,对海底管道的承载能力做出科学的评价,从而为海底管道的维修计划和安全管理提供科学的依据,确保管道在服役期限内的安全使用。评估计算以海底管道现场检测到的腐蚀减薄区域形状数据为基础,预测相关海底管道段的剩余强度,为海底管道整体剩余强度状况提供参考。运用分项安全系数法计算需要的信息包括检测基本信息(置信度、安全等级、测量精度、深度测量方式)、海底管道基本信息(海底管道外径 D、海底管道壁厚 t、海底管道规定最小拉伸强度 SMTS)、缺陷基本信息(缺陷深度 d、缺陷长度 l、缺陷宽度 w、相邻缺陷间距 s)等;运用许用应力法计算需要的信息有海底管道基本信息(海底管道外径 D、海底管道壁厚 t、海底管道规定最小拉伸强度 SMTS)、缺陷基本信息(缺陷深度 d、缺陷长度 l、缺陷宽度 w、相邻缺陷间距 s)等。因此进行管道内检测是必需的,并且评估结果可以为制定海底管道检测周期提供科学的依据。

1.3　本 章 小 结

综上所述,随着已有管道的使用,在役海底管道的定期内检测非常必要。海底管道腐蚀缺陷内检测是保证海底管道完整性的一个重要环节,通过对检测所得结果进行分析,可以了解管道的腐蚀发展情况、管道壁的剩余强度以及剩余寿命,才可以进行准确的风险评估,这对于制订管道的维护、维修计划具有重要的意义。将检测结果与管道的建造记录、运行记录和服役环境等相关数据进行研究,可以获得管体腐蚀缺陷的发生原因、发展趋势等信息,这可以为管道设计、建造和选择减缓腐蚀措施等提供借鉴。

自 2010 年 10 月 1 日起开始实施的《中华人民共和国石油天然气管道保护法》中也有相关规定,例如,第二十三条规定,管道企业应当定期对管道进行检测、维修,确保其处于良好状态;对管道安全风险较大的区段和场所应当进行重点监测,采取有效措施防止管道事故的发生。

国家经济贸易委员会 17 号令《石油天然气管道安全监督与管理暂行规定》中也有相关规定,例如:

第三十四条,石油管道应当定期进行全面检测。新建石油管道应当在投产后三年内进行检测,以后视管道安全状况确定检测周期,最多不超过八年。

第三十五条,石油企业应当定期对石油管道进行一般性检测。新建管道必须在一年内检测,以后视管道安全状况每一至三年检测一次。

整个管道系统中易受损伤的管段以及因海底条件而会产生大的变化区域,检测的时间间隔较短,通常为一年。这些部分通常包括平台安全区域、航道、近海岸及潮水通道等,其他部分至少应在五年内进行一次内检测,从而保证整个管道系统安全稳定地运行。

第2章　海底管道风险评估

风险评估的目的是风险评价和决策,即根据潜在危险发生的概率确定风险的可接受度,决定是否需要采取相关的措施。通常可将风险的可能性分为频繁、很可能、有时、极少和不可能等五个等级,通过对海底管道危险可能性等级和事故严重性等级的分析,可以得到可比较的风险评价,从而正确地指导维护工作,有效节省海底管道的维修和更新费用。海底管线的风险评估是运用科学、合理的风险分析手段对管线进行风险分析,为管线的风险控制、风险决策提供可靠的依据,进而实现海底管线的风险管理,以降低风险,实现合理的调配和利用现有资源,同时获得最大的经济和社会效益。

2.1　风险评估相关概念

1. 风险(risk)

根据国际标准(如 ISO 2002),"风险"就是"时间及其后果的概率组合"。其他标准也有类似的定义:"特定危险事件将会发生的可能性以及时间后果严重性的组合"。风险源、风险事件和损失是风险的三个要素。一种或几种风险因素互相作用,导致风险事件的发生,进一步影响了项目目标的实现,造成相应的损失,从而形成海底管线工程项目的风险。亨利希的骨牌理论以及哈同的能量释放论,都对三者之间的相互作用关系进行了解释。以上两种理论均认为:风险事故是由风险因素引发的,而损失是由风险事故直接导致的。

1) 风险因素(risk factor)

风险源(risk resource)也称作风险因素,它是风险事件发生的潜在原因。风险因素只有具备了一定的条件,才会发生风险事件,这种"一定的条件"称为转化条件。具备转化条件的同时,还必须具备另外的条件,风险事件才会真正发生,这种"另外的条件"称为触发条件。在评判风险事件对项目造成的危害时,风险因素是指增加、减少损失,或者危害发生大小和频率的主客观条件。一个风险因素可能引起多个风险事件,一个风险事件也可能是由一个或者多个风险因素引起的。在风险分析或风险管理的实际操作中,将风险因素和风险事件区分清楚是很困难的。通常来讲,在进行项目的整体风险分析中,由于风险事件太多,而且相互之间又有关联,所以通常以分析风险因素为主。而针对单个风险因素进行分析、风险应对或者是风险监控,则要以分析造成危险的风险事件为主。

2）风险事件（risk event）

风险事件也称风险事故，是指酿成事故和损失的直接原因和条件。风险一般只是一种潜在的危险，而风险事件的发生使潜在的危险转化成为现实的损失。从这个意义上来说，风险事件是损失的媒介。工程项目的目标因风险事件的存在影响而具有不确定性。风险事件对项目目标的影响不仅包括负面的影响，也包括正面的影响。即风险事件不仅可以引起目标的负偏离，也可能导致项目目标的正偏离。一般来讲，在风险分析中，人们更在意风险事件对项目目标造成的负面影响，因此，风险事件通常也被称为风险事故。风险事件的发生具有不确定性，这是由工程项目本身的复杂性、外部环境的变化性以及人们预测能力的有限性决定的。

3）损失（loss）

损失是风险的结果，是风险承担者不愿看到的后果，是指由于一个或多个意外事件的发生，在某一特定条件和特定系统内外产生的多种损失的综合。这种损失包括直接损失和间接损失两种：

（1）直接损失，是指可以直接观察、计量和测定的损失，它包括直接经济损失、人员伤亡、工期延误以及质量下降等。

（2）间接损失，是指直接损失之外的可得利益的丧失。

4）风险要素间的关系

风险要素作用关系如图 2.1 所示。

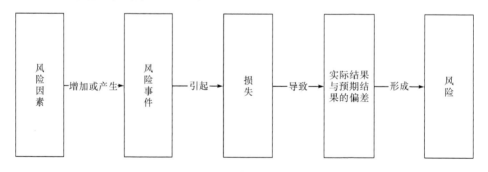

图 2.1　风险要素作用图

以下是实际计算风险的运算表达式，对每个事故序列 i 计算出其后果的概率和数值相乘，并对所有（i）潜在事故序列求和：

$$R = \sum_i (p_i C_i) \qquad (2.1)$$

式中，p_i 为事故概率；C_i 为事故后果。

如果后果能用连续变量表达，公式也可以用积分代替。

2. 风险分析(risk analysis)

风险分析的内容包括了解项目结构、材料、运行环境等方面的信息,搜集系统历史性事故并分析事故原因,进行风险的概率计算及其后果分析,确定各风险指标的危险程度。其可分为风险辨识和风险估计两方面。

1) 风险辨识(risk identification)

风险辨识是指风险管理人员运用有关的知识和方法,系统、全面地识别、预测可能面临的各种风险(包括潜在的)。实际上就是收集有关风险因素、风险事故和损失暴露等方面的信息,识别导致潜在损失的因素。风险辨识在整个风险管理的过程中占有举足轻重的地位。尤其对于海底管线系统来讲,风险辨识工作是风险管理中最基础、最重要,也是最困难的部分。首先,如果不能辨识系统所面临的所有风险,就谈不上设计对付风险的方法。其次,因为海底管线及其运作的环境随时都在变化,所以面对的风险也在不断变化着。

2) 风险估计(risk appraisal)

风险估计是指在对不利事件所导致损失的历史资料分析的基础上,运用概率统计等方法对特定不利事件发生概率的以及风险事件发生所造成的损失做出定量估计的过程。通过对大量事故进行统计分析所得的结果必然呈现一定的统计规律,所以人们借鉴一类风险事故发生的规律来推测类似风险发生的规律性。图 2.2 为风险估计流程图。

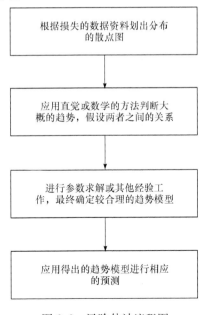

图 2.2　风险估计流程图

3. 风险评价(risk evaluation)

风险评价是指通过风险分析,得到目标系统中所有危险的风险估计。在此基础上,根据相应的风险标准判断系统的风险是否可以接受,是否需要采取进一步的安全措施。风险评价的流程如图2.3所示。

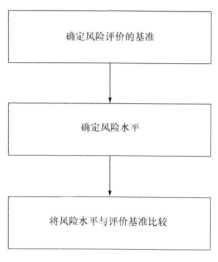

图 2.3　风险评价流程图

4. 风险评估(risk estimate)

风险评估就是风险分析和风险评价的全过程。

5. 风险控制(risk control)

风险识别、风险估计、风险评价是风险管理的基础。风险控制是风险管理的最终目的。风险控制就是要在现有的技术和管理水平上以最少的消耗达到最优的安全水平。其具体控制目标包括降低事故的发生频率、减少事故的严重程度和事故造成的经济损失程度。

6. 风险管理(risk management)

风险管理是指风险评估和风险控制的全过程,它是一个以最低成本,最大限度地降低系统风险的动态过程。由于风险具有普遍性,所以风险管理涵盖面很广。风险管理是一项有目的的管理活动,只有目标明确,才能起到有效的作用,否则风险管理就会流于形式,没有实际意义,也无法评价其效果。

2.2　风险评估理论概述

管道风险评估是在保证管道安全运行的前提下实现最大经济效益的必要手段,是实现管道从安全管理向风险管理,从经验管理向科学管理过渡的重要技术。评估管道系统的风险状况即对管道系统进行危险辨识和风险评估。评估应该包括管道及管道附属件,设计数据、管道运行数据及检测数据等应作为评估的基础数据,管道的风险评估可使用定性、半定量或定量的方法进行。

对管道进行风险状况评估后必须进行风险等级划分,即完成运行期管道风险状况评估后,需要给出一个风险划分的标准,把不同风险状况的管道进行归类。按照风险评估过程确定风险水平,一般按照系统定义、危险辨识、频率评估、后果评估和风险评估五个步骤进行。

危险辨识对海底管道系统在运行期间存在的潜在危险因素进行分析。尽管危险辨识不能为风险决策直接提供信息,但仍然是风险分析的关键步骤。有时危险辨识分析能采用结构技巧进行分析,有时危险辨识又不是系统地进行分析,而着重分析一些可能发生的危险。对于运行期的管道,主要对影响管道寿命和管道运行安全的风险进行分析。事故发生的频率通常可根据已有事故发生的经验来进行估计,也可以通过理论模型进行详细的计算。

后果的估计应该根据研究目标和研究范围确定。通常,后果表述为人员受伤亡的数量、介质泄漏的程度。这些估计要考虑到地理和人口的分布状况,以及可能的减缓后果的因素。一般情况下,简单考虑介质泄漏可以作为评估决策的标准。风险对管道造成的潜在破坏后果需要从经济损失、人员安全和环境影响三个方面考虑。

当完成系统的危险辨识、频率分析和相关的后果评估后,即可对事件的风险进行评价。根据采用方法的不同,可得到定性的或定量的结果。在缺少相应的管道运行和检测数据时,只能通过定性的方法进行风险等级划分。通过对海底管道的运行现状进行定性的分析,找出运行期管道存在的风险因素,风险发生频率越高,风险等级就较高,否则较低。在一般情况下,根据管道运行、维修、检查和监测状况、国外的风险评估经验和风险辨识情况可知影响管道安全和寿命的主要有腐蚀、操作压力和温度、海底地形影响、跨越情况、穿越情况、埋设状况、泄漏与维修状况、超期服役、风险评估情况等。

2.3　风险评估方法的对比与选择

海底管线风险评价技术发展至今已有 30 多年的历史,应用于该领域的风险评价方法有几十种,但是不同方法适用于不同的范围和应用条件,选择评估方法时应该根据评估系统的特点、风险评估的目的以及评估过程中所投入的资源等条件综合衡量,选择一种合适的、有效的评价方法。

2.3.1　风险评估方法的分类

通常来讲,按照评价结果量化程度可以将风险评估方法分为三类:定性风险评估、半定量风险评估和定量风险评估。定性分析方法是借助经验和知识对生产工艺、设备、环境、人员配置和管理等方面的安全状况进行分析和判断的一种方法。定量分析方法是依据统计数据、检测数据、标准资料、同类或类似的数据资料,运用科学的评价方法或建立数学模型进行量化分析的一种方法;半定量分析方法是介于两者之间的一种评估方法。

1. 定性风险评估方法

海底管线风险定性分析方法是指系统中存在的,能够诱发海底管线事故的各种危害因素全部按照事件"发生"或"不发生"的分析程序来定性评估系统危险。进行风险的定性评估时,不需要建立精确的数学模型。其评估过程主要是依据现有的规范、法规及标准,根据风险评估中的逻辑关系和推理关系,并运用评估人员的直观判断能力和实践经验,综合确定目标评估系统中的各种危害因素的关系,以及影响目标系统安全的程度等。定性风险评估具有评估过程简单、评估成本低、易于理解和掌握、可以快速得到答案等特点,因此广泛应用于海底管线的风险评估当中。专家经验的全面性、划分影响因素的层次性、细致性等因素对定性风险评估的精确性影响较大,并且此种分析方法对于危险性事故的发生频率和事故损失后果均不能量化。海底管线风险评估中常用的定性风险评价方法主要有安全检查表、初步危险分析、失效模式与影响性分析、危险和操作性分析、假设事故与后果分析等。

2. 半定量风险评估法

管线半定量风险评估是按照权重值为各风险因素导致事故发生的概率和可能后果分配一系列评分指标,并进行评分,最终用加和除的方法将对应事故发生概率和后果严重程度的指标予以组合,从而形成一个相对的风险指标。其中,最具代表性的方法是肯特管线风险评估分法,也称为肯特指数评价模型或肯特法。该方法详细阐述了指数评分模型的原理、方法、指标体系及应用注意事项,是美国此前二十年开展油气管线风险评价研究的成果总结,具有里程碑的意义。

3. 定量风险评估法

管线风险定量分析方法是管线风险分析的高级阶段,也叫概率风险分析

(probability risk analysis)。它将所有可能导致管线事故的各类因素处理成随机变量或随机过程,对每个单独的事件进行概率计算,然后将所有的事件概率加和得出系统整体的事故发生概率,最后结合量化的事故后果结算出综合风险值。其是一种严密的数学和统计学方法,能够将风险频率进行绝对的定量化。人们对风险防范意识的逐渐加强,人们对风险分析的准确性提出了更高的要求,这也在一定程度上推动了风险定量评估技术的发展。与此同时,人们对海底管线系统的深入了解,使人能够更科学、系统、全面地确定影响海底管线运行的各项风险因素。而且对事故发生机制的认识加深使人们能够用合适的数学方法模拟危害发生的过程,这些都使海底管线的定性评估成为一种可行的、高效的风险评估方法。

对于以上三种评价方法的准确性,定量评价方法最高,半定量评价法次之,最后是定性评价方法。但是相对地,定量评价方法的成本很高,而定性评估方法成本最低。在风险评估过程中究竟是采用定性方法还是定量方法主要取决于风险评估过程中可以获得信息量的多少。针对低风险等级的管道,为了制定检测维修计划,一般进行定性分析。针对定性分析筛选出的高风险管道,结合实际情况,再对其进行半定量或者定量分析。

2.3.2　经典风险评估方法介绍

目前,风险评估方法主要包括:专家调查法、决策树分析法、蒙特卡罗模拟法、事故树分析法、相对风险指数法、传统概率分析法、层次分析法、事件树分析法、模糊综合评价法、预先危险性分析法、风险矩阵法等。下面简要介绍常用的一些经典风险评估方法。

1. 专家调查法

在风险识别的基础上,请专家对风险因素的发生概率和影响程度进行评价,再综合整体风险水平进行评价。其主要包括:①确定主持人,组织专门小组。②拟定调查提纲。所提问题要明确具体、选择得当、数量不宜过多,并提供必要的背景材料。③选择调查对象。所选的专家要有广泛的代表性,他们要熟悉业务、有特长、有一定的声望、较强的判断和洞察能力。选定的专家人数不宜太少也不宜太多,一般以 10~50 人为宜。④轮番征询意见。通常要经过三轮:第一轮是提出问题;第二轮是修改问题,请专家根据整理的不同意见修改自己所提问题,即让调查对象了解其他见解后,再一次征求本人的意见;第三轮是最后判定。把专家最后重新考虑的意见收集并加以整理。有时根据实际需要,还可进行更多轮数的征询活动。⑤整理调查结果,提出调查报告。

从上述工作程序可以看出,专家调查法能否取得理想的结果,关键在于调查对象的人选及其对所调查问题掌握的资料和熟悉的程度,调查主持人的水平和经验也是一个很重要的因素。该方法简单易行,可以在进行风险识别的同时进行,节约了成本和时间,缺点是主观性强,依赖于专家水平。

2. 决策树分析法

决策树分析法是常用的风险分析决策方法。该方法是一种用树形图来描述各方案在未来收益的计算比较以及选择的方法,其决策是以期望值为标准。人们对未来可能会遇到几种不同的情况。每种情况均有出现的可能,人们现在无法确知,但是可以根据以前的资料来推断各种自然状态出现的概率。在这样的条件下,人们计算的各种方案在未来的经济效果只能是考虑到各种自然状态出现的概率的期望值,与未来的实际收益不会完全相等。它利用概率论的原理,并且利用一种树形图作为分析工具。其基本原理是用决策点代表决策问题,用方案分枝代表可供选择的方案,用概率分枝代表方案可能出现的各种结果,经过对各种方案在各种结果条件下损益值的计算比较,为决策者提供决策依据。决策树分析法是指利用图解的形式,将风险因素层层分解,绘制成树状图,逐项计算其概率和期望值,进行风险评估和方案的比较和选择。一棵简单的决策树包括决策节点、状态节点和结果节点。决策节点与状态节点之间为方案分支,状态节点引出的分支为状态分支,决策节点上标注最终方案的收益期望值,方案分支标注方案名称,状态节点标注某个行动方案的收益期望值,状态分支标注状态名称和概率,结果节点标注收益值。一般会求出目标变量在所有风险因素、所有概率组合下的期望值。再画出概率分布图,因此计算量与风险因素和变化的数量呈指数关系,并且需要有足够的有效数据做支撑。

一个决策树包含如下三种类型的节点:

(1) 决策节点:通常用矩形框来表示;

(2) 机会节点:通常用圆圈来表示;

(3) 终节点:通常用三角形来表示。

剪枝是决策树停止分支的方法之一,剪枝又分预先剪枝和后剪枝两种。预先剪枝是在树的生长过程中设定一个指标,当达到该指标时就停止生长。这样做容易产生"视界局限",就是一旦停止分支,使得节点 N 成为叶节点,就断绝了其后继节点进行"好"分支操作的任何可能性。不严格地说,这些已停止的分支会误导学习算法,导致产生的树不纯度降差最大的地方过分靠近根节点。后剪枝中,树首先要充分生长,直到叶节点都有最小的不纯度值为止,因而可以克服"视界局限"。然后对所有相邻的成对叶节点考虑是否消去它们,如果消去能引起令人满意的不纯度增长,那么执行消去,并令它们的公共父节点成为新的叶节点。这种"合并"叶节点的做法和节点分支的过程恰好相反,经过剪枝后,叶节点常常会分布在很宽的层次上,树也变得不平衡。后剪枝技术的优点是克服了"视界局限"效应,而且无须保留部分样本用于交叉验证,所以可以充分利用全部训练集的信息。但后剪枝的计算量代价比预剪枝方法大得多,特别是在大样本集中,不过,对于小样本的情况,后剪枝方法还是优于预先剪枝方法的。

决策树法是管理人员和决策分析人员经常采用的一种行之有效的决策工具。它具有下列优点:

(1) 决策树列出了决策问题的全部可行方案和可能出现的各种自然状态,以及各可行方法在各种不同状态下的期望值。

(2) 能直观地显示整个决策问题在时间和决策顺序上不同阶段的决策过程。

(3) 在应用于复杂的多阶段决策时,阶段明显、层次清楚,便于决策机构集体研究,可以周密地思考各种因素,有利于做出正确的决策。

这种方法层次清晰,不同节点面临的风险及概率一目了然,不易遗漏,能够适应多阶段情形下的风险分析。当然,决策树分析法也不是十全十美的,如使用范围有限,无法适用于一些不能用数量表示的决策,用于大型复杂项目时工作量较大,也不适合用于缺乏类似客观数据的项目。

3. 风险矩阵法

风险矩阵法最早由美国空军电子系统中心提出,并在美国军方武器系统研制项目风险管理中得到广泛的推广应用。风险矩阵方法能够识别项目或系统的风险、评估风险潜在影响、计算风险发生概率、评定风险等级,为风险的监控与化解提供基础数据。风险矩阵是在项目管理过程中识别风险(风险集)重要性的一种结构性方法,还是对项目风险(风险集)潜在影响进行评估的一套方法论。该方法又称为风险值法,项目风险是指某些不利事件对项目目标产生负面影响的可能性和可能遭受的损失。风险矩阵法的基本步骤是首先要求识别出项目风险(风险集),之后评估风险对项目的潜在影响,计算风险发生的概率,根据预定标准评定风险等级,然后实施计划管理或降低风险。因此,确定风险影响等级和风险发生概率,并由此确定每个风险对系统的综合影响评判值是其中最为重要的三个步骤。该方法将风险事件发生的概率和影响程度分级评分,然后分别作为矩阵的行和列,形成风险矩阵。将风险概率和风险后果估计值(0~1)相乘得到风险值,进而按照风险事件在矩阵中的位置做出评估。一旦识别出项目风险(风险集)之后,风险矩阵下一步要分析的是评估风险对项目的潜在影响,计算风险发生的概率,根据预定标准评定风险等级,然后实施计划管理或降低风险。

该方法的优点是简洁明了,易于掌握,适用范围广,可识别哪一种风险是对项目影响最关键的风险因素;缺点是计算风险概率往往需要历史数据,确定风险可能性、后果严重度过于依赖经验。

4. 层次分析法

层次分析法(analytical hierarchy process,AHP)是美国匹兹堡大学教授 Saaty 于 20 世纪 70 年代提出的一种系统分析方法。它的运用过程中结合了定性分析与定量分析。AHP 是分析多目标、多准则的复杂大系统的有力工具,具有思路清晰、方法简便、适用面广、系统性强等特点,便于普及推广,可成为人们工作和生活中思考问题、解决问题的一种方法。将 AHP 引入决策,是决策科学化的一大进步。它适宜于解决那些难以完全用定量方法进行分析的决策问题,是复杂的社会经济系统实现科学决策的有力工具。

1) 应用 AHP 解决问题的思路

首先,把要解决的问题分层系列化,即根据问题的性质和要达到的目标,将问题分解为不同的组成因素,按照因素之间的相互影响和隶属关系将其分层聚类组合,形成一个有序的层次结构模型。然后,对模型中每一层次因素的相对重要性,依据人们对客观现实的判断给予定量表示,再利用数学方法确定每一层次全部因素相对重要性次序的权值。最后,通过综合计算各层因素相对重要性的权值,得到最低层(方案层)相对于最高层(总目标)的相对重要性次序的组合权值,以此作为评价和选择方案的依据。

2) 层次分析决策法的具体步骤

先确定评价的目标,再明确方案评估的准则,然后将目标、评估准则和方案一起构造一个层次结构模型。在该模型中,目标、评估准则和方案处于不同的层次,彼此之间有无关系使用线段表示,评估准则可以细分为多层。

3) 层次结构模型

(1) 因素两两比较。建立模型后,根据风险分析专家的知识、经验和判断,从第一个准则层开始向下,逐步确定各层诸因素相对于上一层各因素的重要性权数。权数范围按风险大小分为 1~9,一般来说,传统成熟行业风险较小,而互联网等新兴行业风险较大,具体的行业风险还要依据所在国的经济情况而定。然后计算结果,排出各方案的风险大小次序。

(2) 判断矩阵。有了两两比较、孰轻孰重的量度,就可以具体确定各层不同因素的重要性权数。将各层进行两两比较的结果写成矩阵形式。这些矩阵称为判断矩阵。根据矩阵理论,正互反矩阵满足一致性时,它的最大特征根等于矩阵的阶数。

(3) 计算判断矩阵的特征向量。根据得到的判断矩阵,分别计算出它们的特征向量 $W_1,W_2,W_3,\cdots$。

(4) 计算综合矩阵。使用各特征向量构造特征矩阵。然后使用该特征矩阵乘以某个特征向量,得到新向量 W_j。该向量就表明了在评价项目风险中,各方案的风险大小次序。

计算判断矩阵是个人进行两两比较后写出的,所以,不同人的判断矩阵可能不同。层次分析法结论的质量依赖于使用者的知识、经验和判断,因此,其结果具有很大的主观性。这也是该评估方法最大的缺点。

5. 蒙特卡罗模拟法

蒙特卡罗模拟法又称为统计试验法或随机模拟法,其原理是将项目目标变量(风险评价指标)和各个风险变量综合在一个数学模拟模型内,每个风险变量用一个概率分布来描述,然后利用计算机产生随机数(或伪随机数),并根据随机数在各个风险变量的概率分布中取值,计算出目标变量值,经过多次运算即可得出目标变量的期望值、方差、概率分布等指标,绘制累计概率图,供决策者参考。如果风险因素较多,可以先进行敏感性分析,选择敏感的风险因素作为风险变量。风险变量的概率分布描述是进行模拟分析的基础,常用的有正态分布、B 分布、三角分布、梯形分布、阶梯分布等。

该方法依赖的概率统计理论与赌博原理类同,因此以欧洲著名赌城摩纳哥首都 Monte Carlo 命名。该方法的优点是使用计算机模拟项目的自然过程,比历史模拟方法成本低、效率高,结果相对精确;可以处理多个因素非线性、大幅波动的不确定性,并把这种不确定性的影响以概率分布形式表示出来,克服了敏感性分析的局限性。不足之处是依赖于特定的随机过程和选择的历史数据,不能反映风险因素之间的相互关系,需要有可靠的模型,否则会导致错误。

6. 事故树分析法

事故树分析法主要用于分析事故的原因和评价事故风险,我国在 20 世纪 80 年代初引入。事故树分析目前已成为定性和定量预测与预防事故的主要方法。

1) 事故树分析的特点

(1) 一种用图形演绎事故事件在一定条件下的逻辑方法。通过层层分析顶上事件,找出基本条件与顶上事件的逻辑关系。

(2) 灵活性强,对导致系统事故的原因进行分析。

(3) 认识系统过程,发现和解决问题。

(4) 事故可以定性、定量分析系统的安全性。

2) 事故树分析程序和内容

(1) 确定所分析的系统。确定分析系统即确定系统所包括的内容及其边界范围。

(2) 熟悉所分析的系统。熟悉系统的整个情况,包括系统性能、运行情况、操作情况及各种重要参数等,必要时要画出工艺流程图及布置图。

(3) 调查系统发生的事故。调查分析过去、已经发生的和未来可能发生的故障,同时调查本单位及外单位同类系统曾发生的所有事故。

（4）确定事故树的顶上事件。确定所要分析的对象事件,将易于发生且后果严重的事故作为顶上事件。

（5）调查与顶上事件有关的所有原因事件。

（6）事故树绘图。按建树原则,从顶上事件起一层一层往下分析各自的直接原因事件,根据彼此间的逻辑关系,用逻辑门连接上下层事件,直到所要求的分析深度,形成一棵倒置的逻辑树形图,即事故树图。

（7）事故树定性分析。定性分析是事故树分析的核心内容之一。其目的是分析该类事故的发生规律及特点,通过求取最小割集（或最小经集）,找出控制事故的可行方案,并从事故树结构、发生概率上分析各基本事件的重要程度,以便按轻重缓急分别采取对策。

（8）事故树定量分析。定量分析包括:①确定各基本事件的故障率或失误率;②求取顶上事件发生的概率,将计算结果与通过统计分析得出的事故发生概率进行比较。

（9）风险分析。根据上述事故定性分析和定量分析结果,评价目标系统发生该类事故的危险性,并从定性和定量分析结果中找出能够降低顶上事件发生概率的最佳方案,达到降低或消除事故的目的,保证系统安全。

3）事故树分析方法

事故树编制过程是以顶上事件开始,逐级往下找出基本事件,每个下部事件是上部事件形成的原因,上部事件是下部事件发生的结果。

（1）事故树的定性分析（最小割集）方法。

引起顶上事件发生的基本事件的集合叫割集。一个事故树中,割集一般不止一个,在这些割集中,凡不包括其他割集的叫最小割集。它在事故树分析中占有重要地位,是顶上事件（事故）发生的本质原因,也就是说表示顶上事件发生原因的集合,因而最小割集越多,系统的危险性越大。其步骤是建立事故的布尔表达式,并化为最简析标准式,求出割集集合。

（2）事故树的定量分析方法。

事故树定量分析是基于基本事件的发生概率,最后求出顶上事件的概率。得出概率后与原先确定的安全目标进行比较,采取一定的措施。

从事故树分析中可以看出,定量分析必须知道某个事件的概率,但在实际中得到基本事件的概率非常困难,特别是当系统复杂,不确定因素多或者其状态不明确时,就更难确定各事件的概率,而且预测效果低。如果要确定其概率,必须投入大量的人力、物力和财力进行研究和分析,在现实条件下很难完成此类工作。通过编制事故树,进行事故定性分析,找出事故的最小割集,就可以知道哪些是事故发生的根本因素,而且对事故的了解更加直观,避免在风险评价过程中重复选择指标,保证评价结果的准确性和可信性,为安全指标的确立提供理论依据,有利于建立适当的风险评价指标体系。通过风险评价指标数据的收集，并运用模糊数学、灰色控制、神经网络等方法以及计算机手段，能够从静态、动态方面预测将要发生的危险。

2.3.3 方法的对比与选择

几种风险分析方法的对比与优缺点如表 2.1 所示。

表 2.1 风险评估方法优缺点对比

方法	特点	评估程度	人员要求	所需时间费用	优缺点
层次分析法	将复杂系统的评价决策思维过程数学化，即将复杂问题分解为若干层次和若干要素，在各要素间简单地进行比较、判断和计算，获得不同要素和故障的权重	定性或定量	分析人员熟悉系统、熟悉矩阵运算	时间长、费用高	仅考虑各因素对系统风险的影响大小，忽略对元素或故障发生概率的考虑
事件树分析法	归纳法，由初始事件判断系统事故的原因及条件，由条件概率计算系统概率	定性或定量	分析人员应熟悉系统、元素间的因果关系以及事件树的分析方法	几天至数周	定性简单易行，定量受资料限制
相对风险指数法	综合考虑事故发生的概率、后果及预防后果发生的难易程度三个方面	半定量	熟悉掌握分析方法，对系统、工艺、设备有较透彻的理解和良好的判断能力	时间较短、费用低	较复杂、详尽，但准确程度受分析人员主观因素影响
传统概率分析法	以纯粹的工学计算为基础	定量	分析人员熟悉系统、熟练掌握概率计算知识	时间长、费用高	复杂、详尽，但事件的概率确定比较困难
事故树分析法	演绎法，由事故和基本事件的发生概率计算系统的失效概率	定性或定量	了解故障类型及其影响，熟悉故障、基本事件之间的关系，熟悉故障树分析方法	几天至数周	复杂、工作量大，精确故障树编制易失真

续表

方法	特点	评估程度	人员要求	所需时间费用	优缺点
风险矩阵法	评估各种故障风险对系统的影响,计算故障或风险发生的概率	定量	分析人员熟悉系统、熟悉矩阵运算和模糊理论等多种数学理论	时间较长	复杂、详尽,同时考虑各因素对系统风险的影响大小和概率,且对数据需求量相对较少
专家调查法	在风险识别的基础之上,请专家对风险因素的发生概率和影响程度进行评价,再综合整体风险水平进行评价	定性	专家水平要求较高	时间较短	主观性强,依赖于专家水平

各种风险评估方法均有自身的特点,具有一定的适用性,但也存在各自的局限性,任何一种风险评估方法都不是万能的。选择分析方法时应考虑下列问题:

1) 分析对象的特点

根据分析对象的规模、复杂程度、类型、危险性等情况选择分析方法。对于规模较大、复杂程度高的分析对象,应先用简洁的方法进行筛选,然后确定需要分析的详细程度,再选择恰当的分析方法;对于较为特殊的分析对象,需要有选择地确定分析方法;对于危险性较高的对象往往采用系统的、较严格的分析方法(如事件树、故障树等)。

2) 分析目标

尽管对系统分析的最终目的是分析出系统的危险性,但具体分析中可根据需要对系统提出不同的分析目标,如危险等级、事故概率、事故造成的经济损失、危险区域、人员伤亡、环境破坏等,所以应根据分析目标选择适用的分析方法。

3) 资料的占有情况

如果分析对象的技术资料、数据齐全,则可以进行系统的、较完善的分析,若对象属于新研制开发项目,数据、资料不充分,又缺乏可类比的技术资料和数据,则只能用定性分析的方法进行概率分析。

4) 其他因素

其他因素包括分析人员的知识和经验、完成分析工作的时限、经费支持状况、分析单位的软/硬件设施配备及分析人员和管理人员的习惯等。

因此,选择分析评估方法应根据具体条件和需要,针对分析对象的实际情况、特点和分析目标,结合各种方法的特点,分析、比较、慎重选用合适的一种分析方法。必要时,要根据分析方法的特点选用几种分析方法对同一分析对象进行分析,互相补充、分析综合、相互验证,以提高分析结果的准确性。

2.4　海底管道的风险评估实例分析

在海底管道的风险评估中,海底管道失效形式具有多样性,海底管道一旦失效,对环境和生产所造成的影响十分大。考虑到风险矩阵法对于复杂系统的适用性和评估较为全面的特点,且初期已知数据的有限性,故本例采用风险矩阵方法进行风险评估。

2.4.1　风险矩阵方法概述

风险矩阵法最早由美国空军电子系统中心提出,并在美国军方武器系统研制项目风险管理中得到广泛的推广应用。风险矩阵方法能够识别项目或系统的风险、评估风险的潜在影响、计算风险发生概率、评定风险等级,为风险的监控与化解提供基础数据。

风险矩阵法的基本步骤是首先要求识别出项目风险(风险集),之后评估风险对项目的潜在影响,计算风险发生的概率,根据预定标准评定风险等级,然后实施计划管理或降低风险。因此,确定风险影响等级和风险发生概率,并由此确定每个风险对系统的综合影响评判值是其中最为重要的三个步骤。

1. 风险影响等级的确定

针对各种不确定风险因素的影响等级和概率的计算,目前一般有两种方法:其一是根据比较充分的信息或资料,通过建立计算技术和风险模型等确定出各种事件(风险因素)发生的影响程度;其二是在具有部分但很不充分的资料的情况下,根据以往经验和类比判断(一般借助于专家或专家系统)从而估计出事件发生的影响程度。前者得到的为定量结果,可以较为准确、便捷地将风险影响等级对应起来;后者多为定性指标,专家评判常涉及一些模糊语言变量,很难进行定量描述,此时往往利用现代模糊数学和统计分析工具,确定出风险的影响程度大小。

风险影响等级需要对事故后果进行评估,事故发生后果通常可以表述为人员受伤的数量以及介质泄漏的程度。管道运行期间潜在的风险因素由于造成的后果不同,产生的风险也就不同,后果可能是对管道材料造成破坏、间接产生经济损失或者严重时引起人员伤亡。因此,可以从经济损失、人员安全和环境影响三个方面对风险引起的后果进行半定量评估。

1) 经济损失

管道泄漏引起的经济损失绝大部分都是因为管道停产造成的,这部分经济损失远远超过了修复损伤的费用,但是二者都应该包含在经济评估过程中。本书将管道服役期间发生风险事故之后的破坏情况分为以下五类。

(1) 轻微破坏:管道未发生泄漏,不需要修复。若管壁上出现较小的凹坑,其最大深度为5%的管外径道,通常不会对管道安全运行造成影响,但为了保险,还是应该通过检测对管道结构安全性进行确认。一般情况下,外涂层出现轻微破坏时不需要修复,除非其引起压力巨大波动,导致应力集中点发生疲劳开裂。按照表2.2,此破坏类型属于"可忽略的后果"。

(2) 中等破坏:管道未发生泄漏,破坏需要修复。若凹坑的最大深度大于5%的管道外径,理论上需要对其进行修复,如果检测结果说明该管道结构完好,则可以推迟修复时间,管道暂时继续运行。按照表2.2,此破坏类型属于"轻微的后果"。

(3) 重大破坏:管道泄漏。如果管壁出现断裂或者穿孔,管输介质泄漏,则必须立即停止运行,及时进行修复。按照表2.2,此破坏类型属于"严重的后果"。

(4) 少量泄漏:穿孔尺寸属于小孔或者中等大小。此时泄漏量较小,可以通过压力检测或外观检测及时发现。按照表2.2,此类破坏属于"严重的后果"或者"重大的后果"。

(5) 大量泄漏:管道发生断裂。管道发生完全断裂,管输介质大量泄漏,且持续到管道被封堵之后。此类型属于"重大的后果"甚至是"灾难性的后果"。

表 2.2　管道破坏造成的经济损失后果

管道破坏后果等级	经济损失描述	耽误运行时间
1(可忽略)	对生产几乎没有影响,维修花费很小	0 天
2(轻微)	可以等到停产后再进行维修,会产生一定的维修费用	少于 1 个月
3(严重)	引起管道停产,产生较高的维修费用	1~3 个月
4(重大)	产生巨大的维修费用,若不维修将会使管道无限期停产	3 个月~1 年
5(灾难性)	导致整个油气生产系统瘫痪	1~3 年

2) 人员安全

涉及人员安全问题时,主要将人员分为两类:管道所在公司的工作人员和无关人员。一般来说,在海底管道附近很少有人员活动,海上平台附近的管道发生泄漏可能会影响到平台工作人员的安全,而在管道中段地区发生的泄漏则会影响到第三方人员的安全。从潜在危险分类可以看出,只有在输气管道发生重大泄漏事故时才有可能威胁到工作人员的安全,这是由于平台附近的气体可能会被引爆,爆炸会危及人身安全,平台附近聚集的气体云的大小受到管道深度、海流方向以及风向的影响,此外,气体的成分也会产生影响,这是因为密度大的气体不会上升而是大面积铺在海平面上,密度小的气体就会迅速上升。这类事件的后果通常很难判断,只有一些关键区域可以大致估计对人员的伤害情况。在重大泄漏事故中,有1%～10%的事故中有气体被点燃,会严重威胁到平台上人员的生命安全。人员安全受到的威胁等级可以分为三类,如表2.3所示。

表 2.3　管道破坏造成的人员安全后果

人员安全后果等级	描述
1(低)	无人员伤亡
3(中等)	多人受伤,无人死亡
5(高)	多人死亡

3) 环境影响

无论泄漏情况严重与否,都需要评估其对环境产生的影响。评估泄漏管道对环境产生影响时需要考虑对以下区域的影响:

(1) 水中的生态系统,包括海床植被、浮游生物、鱼以及海底哺乳动物如鲸鱼和海豹;

(2) 海岸环境,包括海滩和沿海区域,尤其是大批海鸟聚居地和拥有大量植被的区域;

(3) 海鸟集中生活的区域,交配或迁移途径的地区;

(4) 海洋养殖渔业区。

海底管道泄漏事故对上述区域的影响大小主要取决于:泄漏量、水面情况(如海浪高度)、风力和洋流速度、泄漏物到达敏感区域的时间。泄漏造成的环境影响主要通过环境体系完全恢复的时间长短来判断危害程度,这就需要估计各个物种对油气泄漏的抵抗能力以及环境系统本身的恢复能力等。

上述评估泄漏对环境的危害手段极复杂又相对耗时,一般来说,只要通过考虑事故泄漏量和年度允许的泄漏量的对比,就可以大致得出泄漏事故的危害程度,可以间接给出对环境的危害。表2.4是对泄漏量的分类。

表 2.4　管道破坏造成的环境影响后果

环境影响等级	描述
低	溢油量小于 10t
中	溢油量为 10~100t
高	溢油量大于 100t 的大型事故

综合考虑上述三方面的影响,可以将事故风险发生的总后果表示为表2.5。

表 2.5　风险影响的等级说明

风险影响等级	等级量化分值	定义或说明
关键	5	一旦风险事件发生,将导致整个系统失效
严重	4~5	一旦风险事件发生,将导致整个系统安全性能严重下降

风险影响等级	等级量化分值	定义或说明
中度	3～4	一旦风险事件发生,整个系统受到中度影响,但仍能满足基本要求
微小	2～3	风险事件发生后,系统受到的影响较小,各项指标仍能保证
可忽略	1～2	风险事件发生后,系统基本不受影响

2. 风险概率的确定

风险概率是风险发生可能性的百分比表示,通常有两种:一是客观概率,主要根据大量试验或利用大量统计数据采用统计方法进行估算,具体可用累积频率法、时间序列预测法或其他较为成熟的概率分布法进行计算;二是主观概率,主要是针对一些不能做出准确分析的不确定事件,难以计算出其客观概率,但又必须做出概率估计。此时,一般组织有关专家或利用专家系统对风险事件的概率做出合理的估计。与风险影响等级类似,风险发生概率的等级量化分值见表 2.6。

表 2.6　风险发生概率等级说明

风险发生概率范围/%	风险发生概率等级量化分值	定义或说明
0～10	1～2	在给定时间内不可能发生
10～40	2～3	在给定时间内不太可能发生
40～60	3～4	在给定时间内可能发生
60～90	4～5	在给定时间内很可能发生
90～100	5	在给定时间内极有可能发生

3. 综合风险等级的确定

风险矩阵法的最大特点和优势是在计算系统的风险时,同时考虑了风险因素的影响大小和发生概率。对风险的概率和后果进行半定量等级划分后,使用风险矩阵的方法,得到事件的风险等级水平如表 2.7 所示。

表 2.7　事故的风险矩阵表

发生的可能性	后果等级				
	可忽略	轻微	严重	重大	灾难性
$<10^{-5}$	Low	Low	Low	Low	ALARP
10^{-4}～10^{-5}	Low	Low	Low	ALARP	ALARP
10^{-3}～10^{-4}	Low	Low	ALARP	ALARP	High
10^{-2}～10^{-3}	Low	ALARP	ALARP	High	High
$>10^{-2}$	ALARP	ALARP	High	High	High

表 2.7 中,风险等级有一个区域叫 ALARP 区域,在这个区域内的风险遵循最低合理可行的原则,即在进行风险评价时,对于风险太高的指标就拒绝接受,对于风险太低的指标不需要采取防范措施。

当确定管道的风险事件处于风险矩阵的位置后,就可以对海底管道风险进行半定量等级划分。风险矩阵的等级乘以事件的权重就可以得到该事件的风险指数,将所有事件的风险指数加起来就是管道的风险指数。这样就可以根据管道风险指数的大小对管道进行风险排序,风险指数大的事件风险值就高,指数小的风险值就小,这里的风险指数是半定量风险评估的一个量化指标,只能相对地体现海底管道的风险值。例如,综合风险分值在 4 分以上为高风险,2～4 分为中等风险,2分以下为低风险。

2.4.2　风险矩阵方法评估步骤

步骤 1:通过基本资料调研得出主要影响因素及其权重。

首先,对海底管道系统潜在的风险进行辨识,然后对每个风险进行优先级别分类,分类可按照下述方法。

根据国内外工程应用经验以及现有海底管道数据,列出以下主要影响因素:

(1) 腐蚀。内腐蚀与介质腐蚀性和介质传输速度有关;外腐蚀通常在设计时进行了较保守的考虑,所以一般没有问题。

(2) 操作压力和温度。国内管道在运行期间,有时会出现实际运行压力和温度高于设计值的情况。

(3) 泄漏、维修状况。发生过泄漏、进行过维修的管道属于高风险等级。

(4) 超期服役。部分管道处于超期服役的阶段,其安全性较低。

(5) 风险评估情况。有的管道在发生泄漏、维修或超期服役后进行了风险评估,在结果允许的情况下继续运行,但大多数管道没有进行风险评估,这类管道的风险就具有较高的风险性。

通过对我国海底管道现状的分析,将表 2.8 所示的因素作为定性风险划分的主要依据,表中的权重值仅作为参考,其值可通过专家讨论,根据经验和特定海管的故障历史数据进行调整修正。

表 2.8　海底管道风险因素及权重

影响管道的风险因素	说明	权重
管输介质腐蚀性	引起管道内腐蚀现象	0.15
介质输送速度	腐蚀速率的改变可加速或延缓材料破坏	0.05
操作压力是否大于设计压力	如果操作压力大于设计压力,可能直接引起管道破坏	0.03
操作温度是否大于设计温度	如果温度大于设计温度,即温度应力过高,可导致管道屈曲等	0.02
海底地形及稳定情况	海床的稳定性,是否存在冲刷、沙波、液化等现象	0.06

续表

影响管道的风险因素	说明	权重
海管壁厚缺陷	缺陷深度影响管道抗压强度等	0.05
海管悬空	容易受到冲刷、拖网等	0.04
穿越情况	穿越航道容易受到第三方破坏	0.05
跨越情况	跨越管道容易受到渔业活动等破坏	0.05
埋设情况	埋设较深能减少管道受到第三方破坏的影响	0.1
泄漏情况	管道泄漏造成的后果严重	0.2
服役年限	管道超期服役必须进行再评估，如果安全才能继续运行	0.05
维修和检测情况	进行过检测和维护，则可根据管道现状制定相应措施	0.1
风险评估、完整性管理情况	定期进行评估可有效预防风险发生，以确保管道系统的完整性	0.05

步骤 2：风险等级划分依据。

根据海底管道现状和危险辨识情况将正在运行的海底管道划分为三个危险等级，并赋予相应的风险分值，作为评估的参考使用。

计算管道总风险值时，先计算单个影响因素的风险值，然后将其求和。规定风险值为 0～1 分的属于低风险，1～3 分的属于中等风险，而 3～5 分的为高风险。例如，某管道在没有进行风险评估的情况下超期服役，则该因素会引起管道高风险，即 5 分，然后乘以权重 0.05，最终超期服役的风险值为 0.25。

上述三类风险分值所对应的具体描述如下：

(1) 低风险。正常使用，且在设计寿命期内；介质腐蚀性低，不含 H_2S 或 H_2S 和 CO_2 含量在设计允许范围之内；管道操作压力在设计允许范围之内；管道操作温度在设计允许范围之内；管道壁厚累计缺陷小于 15% 的壁厚；未发生泄漏情况；未经过维修；注水海底管道；路由区域海床平坦、无异常；不存在穿越、跨越等情况；管道不需埋设，或按设计要求埋设并且埋设情况良好。

(2) 中等风险。超期服役时通过再评估，认为可以继续使用；介质腐蚀性较高，H_2S 或 H_2S 和 CO_2 含量超出设计允许范围；管道操作压力超过设计压力，但在允许范围之内；管道操作温度高于设计温度，但在允许范围之内；参考历史故障，温降较大的单层保温海底管道设计 K 值大于实际操作参数；管道壁厚累计缺陷为 15%～85% 的壁厚；未发生泄漏情况；维修过，但仍存在隐患；路由区域海床平坦，存在极少处冲刷现象，或处于冲刷回淤平衡状态；存在极少处穿越、跨越等情况；管道应埋设，部分区段埋设情况不佳，部分管道裸露。

(3) 高风险。超期服役仍在运行，没有进行风险安全评估；介质腐蚀性高或 H_2S 和 CO_2 含量远超出设计允许范围；管道操作压力大于设计压力，超出允许范围；管道操作温度高于设计温度，超出允许范围；管道壁厚累计缺陷大于 85% 的壁厚；发生一处或多处泄漏；多次进行维修，但仍存在隐患；路由区域海床不平坦，存在液化或沙波活动；存在多处穿越、跨越等情况；管道应埋设，但埋设情况不佳，大部分管道裸露,且有悬空。

步骤 3:得出评估结果。

以东方 1-1 输气管道为例,其评估结果如表 2.9 所示。

表 2.9　东方 1-1 输气管道评估实例

影响管道的风险因素	说明	风险后果	打分	权重	风险值
介质腐蚀性	引起管道内腐蚀现象	高	5	0.15	0.75
介质输送速度	腐蚀速率的改变可加速或延缓材料破坏	高	5	0.05	0.25
操作压力是否大于设计压力	如果操作压力大于设计压力,可能直接引起管道破坏	低	1	0.03	0.03
操作温度是否大于设计温度	如果温度大于设计温度,即温度应力过高,可导致管道屈曲等	低	1	0.02	0.02
海底地形及稳定情况	海床的稳定性,是否存在冲刷、沙波、液化等现象	高	5	0.06	0.3
海管壁厚缺陷	缺陷深度影响管道抗压强度等	低	1	0.05	0.05
海管悬空	容易受到冲刷、拖网等	高	5	0.04	0.2
穿越情况	穿越管道容易受到第三方破坏	低	1	0.05	
跨越情况	跨越管道容易受到渔业活动等破坏	低	1	0.05	0.05
埋设情况	埋设较深能减少管道受到第三方破坏的影响	高	5	0.1	0.5
泄漏情况	管道泄漏造成的后果严重	高	5	0.2	0.1
服役年限	管道超期服役必须进行再评估,如果安全才能继续运行	低	1	0.05	0.05
维修和检测情况	若进行过检测和维护,则可根据管道现状制定相应措施	高	5	0.1	0.5
风险评估、完整性管理情况	定期进行评估可有效预防风险发生,以确保管道系统的完整性	低	1	0.05	0.05
风险值					3.8

由最终的风险值可知,东方 1-1 输气管道属于高风险管道。

2.5　本 章 小 结

实践证明,大多数设备的故障率是时间的函数,典型故障曲线称为浴盆曲线(bathtub curve)或失效率曲线,曲线的形状呈两头高,中间低,具有明显的阶段性。各国学者通过对工业管道的数据资料进行分析,发现管道失效概率随着时间的推移也符合盆浴曲线的特征,如图 2.4 所示。

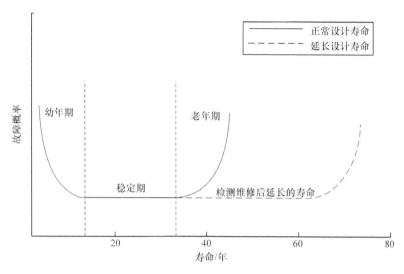

图 2.4　海底管线盆浴曲线

　　根据盆浴曲线的特征，可以按照管线的运行年限，将其划分为如下三个时期：

　　（1）早期事故阶段（infant mortality）。此阶段一般定义为管线投产开始到服役五年的时期内。在这一阶段中，设计不合理、管材质量问题、焊接缺陷等导致海底管线在这一时期的失效概率很大，但随着时间的推移，呈现一个迅速下降的趋势。

　　（2）偶然事故阶段（random failures）。一般为管线运行5～20年期间。这一阶段海底管线的失效概率很低并且基本稳定在一个常数值。在此阶段发生的海底管线失效事故往往是偶然因素造成的，如第三方破坏、误操作原因以及偶发的不可抗力自然灾害。

　　（3）损耗失效阶段（wear out）。一般为管线运行20年以后的时期。这个阶段由于海底管线受到腐蚀影响、第三方破坏、误操作以及自然环境因素的长年作用，管线已经处于老化和疲劳的状态，导致在此阶段中管线的失效概率迅速上升，最终导致管线到达服役极限而报废。

　　虽然海底管线全寿命周期的失效概率符合盆浴曲线特征，但是通过定期对海底管线进行检测、保养、维护作业，在管线进入老龄期时，进行适当的降压运行等手段来延长管线运行的稳定期。通过图2.4可以看到，通过采用有效的手段，可以将管线的设计使用寿命延长40年、80年甚至更长。

　　随着已有管道的使用，在役海底管道的定期内检测非常必要。海底管道腐蚀缺陷内检测是保证海底管道完整性的一个重要环节，通过对检测所得结果进行分析，才可以了解管道的腐蚀发展情况、管道壁的剩余强度以及剩余寿命，才可以进行准确的风险评估，这对于制定管道的维护、维修计划具有重要的意义。将检测结果与管道的建造记录、运行记录和服役环境等相关数据进行参照研究,则可以获得管体腐蚀缺陷的发生原因、发展趋势等信息,这可以为管道设计、建造和选择减缓腐蚀措施等提供借鉴。

对服役期管线进行风险分析,可以弄清影响海底管线安全的可变因素与不可变因素,有针对性地制订安全维护计划,进而减少海底管线安全事故的发生,规避风险。此外,通过分析其他管线系统的事故原因,查询数据库信息,可以查明现有管线系统是否有相似的问题存在,以做好风险防范工作。在实际情况中,海底管线的相关数据总是难以获取齐全,总是或多或少缺少这样那样的信息。在目前现有技术和数据条件下,需要结合管道内检测数据和结果,采用定性、半定量的方法进行海底管道的风险评估。

第3章　管道内检测可行性研究

3.1　海底管道内检测可行性分析

前面从管道自身状况评估方面进行了一系列较为细致的探讨,包括管道的强度分析、可靠性分析、安全风险分析等几方面,从而最终得到实际工程中管道评估报告中的相关信息,进而对管道当前情况有了一定程度的了解,这里所做的一切都是为管道内检测工作做铺垫,同时,也是相当重要并且必不可少的工作任务,通过对当前管道的实际工程状况的了解,就可以初步确定当前分析的海洋管道是否需要对其进行内检测,如果得到的实际管道状态数据等并不符合要求,也就是说管道自身评估表明管道并不需要进行内检测,那么也就没有必要徒劳地增加工作量,毫无意义地进行内检测工作,因而,提前进行管道评估是非常重要的。

与此同时,如果通过管道预先评估得知必须要对该管道进行内检测时,也并不意味着马上就可以进行海洋管道内检测工作,主要原因是管道虽然需要进行内检测探伤工作,但是并不意味着管道的实际条件就允许内检测工作的进行,因为在复杂的工程条件下,管道自身结构以及管道内部条件状况等对实施内检测工作都存在着一定程度的影响。接下来就依据这个问题进行深入的探讨,也就是对管道内检测可行性的进一步研究分析。通过对清管工作以及管道自身条件的研究,从而深入地进行可行性分析。

3.2　可行性研究的重要意义

3.2.1　重要意义

在实际工程应用中,如果管道评估得到的结果是该管道需要进行内检测工作,接下来的工作并不是直接准备内检测工作流程中所需要的人员配置、检测器配置等一系列工作,而首先要做的是对管道进行深入分析,得到该段管道是否具有实施内检测工作的条件,这同样是内检测工作当中一个不可或缺的环节,因为一旦忽略这项工作,而直接盲目地进行内检测工作,有可能带来诸多问题。

盲目进行内检测工作,而不对管道实际情况进行分析,很有可能在消耗人力物力财力的同时无法达到实际的工作目的。例如,盲目地进行清管、通检测器很有可能造成装置在管道内部的卡死状况,进而造成更为严重的问题,与此同时,管道自身内部的状况,例如,某些介质的输送管道中一些沉淀垢物会对管道内检测的精确性造成很大的影响,或是管道自身内径的不断变化从而造成对检测器的影响等,这一系列问题都将对管道内检测的实际工作效果带来巨大的负面影响,所以进行内检测可行性分析具有重大的实际工程意义。

3.2.2　研究方向

在确定海底管道内检测技术方案时,应该对管道做检测前调查,也就是要对管道当前的运行状况、运行工艺参数、收发球装置、管道附件、历史清管情况、输送介质类型、历史检测记录、可能存在的最大风险类型进行详细调查。从以上几点进行深入的分析调查进而得到结果,从而得出管道内检测通球的可行性结论,对不满足要求的设施进行适应性改造或更换,对不满足的工艺条件采取更改或其他替代措施,直到满足条件。表 3.1 所示为某海底管道内检测可行性和风险分析表,从表中可以看到关于内检测可行性分析的相关研究方面。

表 3.1　管道分析列表

研究方向	内容
发球筒分析	发球筒位置、发球筒空间、发球筒工艺等
管道附件分析	三通、球阀、弯头等
管线工艺分析	压力、流量、流速、温度等
收球筒分析	收球筒位置、收球筒空间、收球筒工艺等
管道屈伸分析	局部屈曲度、扩展屈曲度、杆状屈曲度
砂沉积分析	分析预测
沥青质沉积	分析预测
结蜡分析	分析预测
结垢分析	分析预测

3.3　本 章 小 结

本章主要对内检测工作的可行性分析进行了概念性的描述,阐明了内检测可行性分析的重要意义,并简要介绍了管道内检测可行性分析的主要内容。

第4章　基于清管通球的管道结构可行性分析

4.1　清管简介

管道正式投入运行之后,由于长时间运送介质,所以在管道内部存在许多污垢杂质附着在管道内壁上。对于营运中的天然气、原油管道来说,清管的主要作用是清除管线内部的积水、轻质油、甲烷水合物、氧化铁、碳化物粉尘、二硫化碳、氢硫酸等腐蚀性物质;降低腐蚀性物质对管道内壁的腐蚀损伤;重新明确管线走向;检测管线变形;检查沿线阀门的完好率;减小工作回压;清除管线内部的凝油、结蜡、结垢,达到减小输油回压、减小磨阻、降低输油温度的目的。清管的主要工具是清管器,一般有橡胶清管球、皮碗清管器、直板清管器、刮蜡清管器、泡沫清管器、屈曲探测器等六大系列。在实际应用中,根据实际情况选择不同类型的清管器从而达到理想的目的。图4.1为一款清管器。它的工作原理并不复杂,在欲作业的管道中,按作业的要求置入相应系列的清管器。清管器皮碗的外沿与管道内壁弹性密封,以管输介质产生的压差为动力,推动清管器沿管道运行。依靠清管器自身或其所带机具所具有的刮削、冲刷作用来清除管道内的结垢或沉积物。当要进行管道内检测时,如果直接通过内检测器,会导致检测器卡死或损坏等不利情况。因此为保证内检测工作的顺利进行,清管工作就成为一个十分重要的环节,所以在内检测正式工作之前,要对清管通球等可行性进行初步的了解分析。

图4.1　清管器

　　整个清管发球过程中需要接触到清管器的收发装置,包括收发球筒、工艺管线、阀门以及装卸工具和其他辅助设备。

　　收发球筒的开口端是一个牙嵌式或挡圈式快速开关盲板,快速开关盲板上有防自松安全装置。

　　发送装置的主管三通之后和接收筒大小头之前的直管上设有通过指示器,以确定清管器是否已经发入管道和进入接收筒。收发筒上必须安装压力表,面向盲板开关操作者的位置。这些环节在管道清管通球过程中都是需要十分注意的,非常重要。

　　通过一些了解及分析,管道内检测可行性分析中清管及内检测可行性分析可以大概从以下几个方面进行研究探讨,具体事项如表 4.1 所示。

表 4.1　可行性影响因素

类别	影响因素
收发球装置	收发球筒空间
	收发球筒长度
	收发球筒工艺
	收发球筒部件
管道部件	三通
	球阀
	弯头
	管子
管道稳定性	屈曲分析

　　接下来将从表 4.1 中所列举的相关事项上进行较为清晰深入的研究分析,帮助读者更加清楚地了解相关事宜。

4.2　发球筒可行性分析

4.2.1　发球操作过程

　　在进行发球筒可行性分析之前先对清管器的发送步骤进行简单说明。下面所列出的就是一般条件下的发球步骤:

　　(1)关闭发送筒隔断阀门和平衡阀门;

　　(2)打开放空阀,卸掉发送筒中的压力,在发送筒中压力达到大气压力前,不能急于打开盲板;

　　(3)打开盲板,放入清管器,直到清管器到达发送筒颈缩管处,并在该处紧紧地贴合;

（4）关闭盲板；

（5）轻微地打开动力阀排出发送筒中的空气；

（6）关闭放空阀并慢慢使发送筒中的压力增加到管线压力；

（7）关闭动力阀，若没有关闭动力阀，打开清管器发送筒的隔断阀门时可能会捏坏清管器；

（8）打开清管器发送筒隔断阀门；

（9）打开动力阀，关小线路主阀，使清管器通过发送筒；

（10）待通球指示器动作报警，确认清管器已经发出后，打开线路主阀；

（11）关闭发送筒隔断阀门和旁通动力阀。

4.2.2　发球筒位置

在了解了发球的基本操作过程之后，就需要对整个发球过程中的各个环节进行分析，首先是发球筒位置。

发球装置自身各部件的尺寸也是十分重要的，由于实际清管以及内检测工作时发球的一些自身工艺需要，发球装置要满足一些要求，因而发球筒的安放位置十分重要。通常情况下，发球筒安置在海上平台，而平台上的空间有限，所以选取合理的位置十分重要，这同样关系到下面所讨论的发球空间问题，因此在内检测工作之前要对此进行调查分析。

图4.2所示为某现场实际发球筒图片。

图4.2　发球筒实物图

在研究分析时可以使用如图4.3所示的示意图。

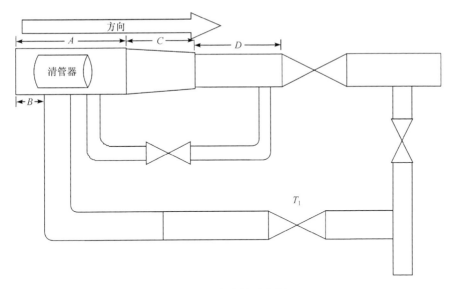

图 4.3　发球筒示意图

从图 4.3 中可以清楚地看出发球装置的基本结构。在实际操作中,需要对图 4.3 所示的各段部位长度尺寸进行测量,因为一般的检测设备对发球筒各个部分的几何尺寸都是有具体要求的,一旦长度不符合实际检测装置及清管装置的尺寸要求,那么就无法完成接下来的工作。

4.2.3　发球筒空间

一般的收发球筒主要由快开盲板、球筒筒体、收发球筒阀门、放空及排污管道进排气管道等部分组成。

由于整个清管装置以及检测装置由多个部分组成,所以整个检测系统的实体体积也是需要一定空间的。当在平台上的发球筒所处位置的实际空间不足以操作一些较大型的清管及内检测装置时,就会使内检测工作陷入两难的境地,所以,在设计时,就要考虑到这一点,并且,在进行清管及内检测工作之前,要对实际场地进行调研,以确保具有足够的操作空间。

要测量得到发球筒距离地面的高度,以及快开盲板区域作业空间的实际尺寸,并根据所选用的清管球的实际尺寸,对其进行对照,从而判断能否在此空间下完成发球作业。另外,也要测量计算得出在进行实际内检测时所用的检测装置对发球空间的理想尺寸要求,判断是否可以在此空间下进行发球。总而言之就是判断具体发球筒空间对要在管道内运行的装置是否合适,从而判断能否完成工作任务。图 4.4 所示为某海上平台发球筒的实际状况,从图中可以对发球筒空间这个概念有进一步的了解。

图 4.4　某海上平台发球筒

4.2.4　发球筒工艺

管线工艺包括一些运行参数,如管线的操作压力参数、管道传输介质的流动速度等相应的参数。这是由于根据清管及内检测的相关要求,通常情况下,完成一次内检测工作,需要清管球、测径装置、检测装置等具有自身的特性,它们对工作环境的要求并不是随意的,装置对温度、流量、流速、压力等都有一定的要求,例如,检测器上一些探头正常工作时,对温度的要求是在一定范围之内的,这样才能保证其正常工作,同样,根据所选用的检测装置器件,对比管线上的基本数据,从而判断检测工作的可行性,进而选用合理的装置,完成工作的要求。否则可能会导致检测装置损坏,从而使内检测工作无法正常进行。

4.2.5　其他

前面已经介绍了一个正常发球筒装置的基本组成,在实际工作的平台之上,要经过现场调研,查看发球筒上诸如压力表、过球指示器和快开盲板等组成部分,并且检查是否处于良好的工作状态,这些装置在通球过程中可以起到监视、指示、控制等作用,是通球工作当中必不可少的设施附件,所以要认真检查,判断是否满足发球作业要求,从而达到顺利工作的目的。

4.3 管道附件可行性分析

4.3.1 管道附件

管道附件包括三通、弯头、阀门等管道组件基本设备,在清管通球的过程之中,这些部分都是需要注意的重要环节,下面进行详细的分析。

在通常检测过程中,检测器包括清管装置等对管道干线都有一定程度的要求。以某一干线要求为例,在某海管检测时,检测设备对管道干线要求如下:

(1) 被检测管道直管段变形不得大于 $13\%D$,弯头变形不得大于 $10\%D$;

(2) 沿线弯头的曲率半径不得小于 $5D$,且连续弯头间的直管不得小于 1200mm;

(3) 沿线三通必须有挡条,且直线开孔直径不得大于干线管径;

(4) 沿线阀门在检测运行期间必须处于全开状态,且全开后的阀门孔径不得小于正常管道内径;

(5) 运行管线如果有斜接存在,其角度不得大于 $15°$。

可以看出,在清管通球的过程之中,对管道附件的参数要求较为严格,所以需要进行深入研究。下面将对几个主要附件进行分析讨论,研究其在内检测过程中的作用。

4.3.2 三通

三通是在管道上起汇流或分流作用的管道部件,在如图 4.2 所示的管道发球筒示意图中可以清楚地看到三通部件。在实际收发球作业中,三通部分有非常重要的作用,在整个工艺流程中,通过阀门的调节,配合管道以及三通等其他部分共同完成发球作业。

在实际的通球作业时,很有可能出现卡死、堵塞等风险,尤其是在作为"路口"功能的三通部件位置,所以这就需要格外小心。在实际通球作业过程当中需要将图 4.3 中的阀门 T_1 保留一定的开度,使介质可以从中通过,这样就可以在很大程度上保证三通部件位置正常地通过清管或检测装置,避免不必要的麻烦。

4.3.3 球阀

球阀门安装在各种管路系统中,用于控制管路中介质的压力、流量及流向等。由于介质的压力、温度、流量等物理性质及化学性质以及系统的控制要求和使用要求的不同,所以阀门种类和规格繁多。在通球清管的每个阶段,通球作业沿线都要通过全通径阀门。经资料和现场调研,从发球筒到收球筒,共经过 3 个球阀 (图 4.5),紧急关断阀(图 4.6)共有 3 个,阀门都是全通径,满足通球作业要求。

图 4.5　球阀　　　　　　　　　　　图 4.6　关断阀

　　一个阀门的损坏或误操作,往往直接影响全线,甚至造成重大事故,因此,了解各种阀门的特性及其应用也是保证安全生产平稳运输的重要环节。

　　在管道清管通球过程中所经过的阀门都是全通径的球阀,但仍然存在风险。若实际操作时,阀门未全部打开,将会使球无法通过而卡住,所以,操作时应该认真核实阀门的开启状态,并通过渐进方式进行测量,避免由于阀门未完全开启导致卡球,造成不必要的风险。

　　因而,为了保证清管通球过程的正常工作,在球阀的操作过程中需要注意以下几点:

　　(1) 球阀不能作节流用,必须全关或全开,不允许半开半关;

　　(2) 操作前检测球阀开关的位置,检查执行机构各部位是否完好、灵敏,检测其密封性能,流程切换是否正确;

　　(3) 开关操作要在平衡球阀前后两端压力并卸去密封圈压力后才能进行,开关完后应及时向密封圈充压,严禁在阀前后存在压力差时进行操作;

　　(4) 当球阀需要紧急关闭时,动作应尽快完成,以免在球阀前后存在压力差还未关闭;

　　(5) 对于利用管道气压作为密封动力的球阀,当管线处理事故后,仍处于关闭状态的阀门,应对密封气源进行调整、控制,以保证球阀继续密封。

　　另外,在平时应当对球阀及其附件及时进行清洁处理。

4.3.4　弯头

　　弯头是管道安装中常用的一种连接用管件,是连接两根公称通径相同或者不同的管子,使管路做一定角度转弯,从而改变管路方向的装置。按角度分,有 45°、90°和 180°三种最常用的,另外,根据工程需要还包括 60°等其他非正常角度弯头。图 4.7 所示为一般工程平台上的弯头。

图 4.7　某平台上的弯头

各阶段通球作业时,要求弯头弯曲半径满足一定的要求,经过资料查阅和现场调研,确定检测管道系统上设有弯头的个数以及弯头半径,同时与清管及检测装置自身的结构特点进行对比分析论证,进而比较得出是否满足要求的结论。实际作业中,需要通过测量或查阅相关资料得到相关尺寸,并以此判断是否满足现场工作条件下的通球作业要求,进而完成相应的工作。

4.4　收球筒可行性分析

4.4.1　收球操作过程

与分析发球筒类似,在分析收球筒部分的可行性之前,先对收球操作过程进行了解,从而方便研究分析。

以下为收球操作的步骤:

(1) 关闭放空阀和盲板;

(2) 在清管器未到达之前,先打开动力阀,然后打开接收筒隔断阀门,若清管器没有进入接收筒,应慢慢关闭线路主阀直到清管器被压入接收筒为止;

(3) 清管器接收指示器动作报警时,清管器进入接收筒,应打开线路主阀阀门;

(4) 关闭接收筒隔断阀门和动力门;

（5）打开放空阀排出筒中的压力,待接收筒中压力下降到大气压;

（6）打开盲板并取出清管器;

（7）关闭盲板;

（8）轻微地打开动力阀,排出接收筒中的空气;

（9）关闭放空阀,并慢慢使接收筒中的压力上升到管线压力;

（10）关闭动力阀,若要接收下一个清管器,动力阀和接收筒隔断阀应打开。

4.4.2　收球筒位置

在了解了收球基本操作过程之后,就需要对整个收球过程中的各个环节进行分析,首先是收球筒位置。

与发球作业相对应,收球工作同样是清管分析中的重要环节。收球筒示意图如图 4.8 所示。

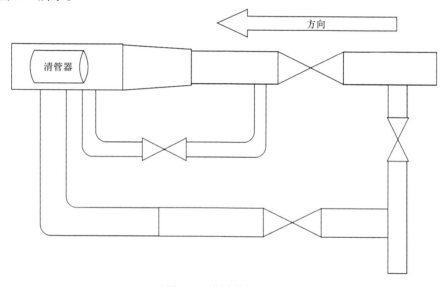

图 4.8　收球筒示意图

与发球装置相似,收球装置自身各部件的尺寸也是十分重要的,前面在讨论发球筒可行性时分析过,由于实际清管以及内检测工作时发球自身一些工艺的需要,在收球筒装置侧也要满足这些要求,所以收球筒的安放位置也很重要,但不同的是,一般情况下,收球筒安置在陆地上,与海上平台相比,陆上的空间就比较充裕,所以正常情况下都可以选取到合适的位置,但是这种分析调查在内检测工作之前也是必要的,确保万无一失。

可以看出,收球筒结构与发球筒结构相似,同时与发球筒一样,也需要得到各部分的实际尺寸数据,从而与实际清管及检测装置进行比较,判断可行性。通常情况下,可以将收发球筒同时进行分析研究。

4.4.3　收球筒空间

针对收球筒,需要测量得到距离地面的高度,还有收球筒的长度,通常情况下,收球作业空间非常大。在清管阶段选用的清管球长度以及检测装置的尺寸分别在之前判断发球筒时已经得到,从而可以判断在此空间下进行收球的可行性。

4.4.4　收球筒工艺

通过对收球筒工艺流程特征的分析可以得到,要判断收球筒是否具有放空、闭排、开排等系统,从而判定能否满足收球需要。

4.4.5　收球筒附件

与发球筒附件分析相似,在实际工程现场需要调研收球筒上是否具有压力表、过球指示器和快开盲板等基本部件。如果某一部分有所损坏,应该立即进行更换维修,减小失败的风险,从而保证收球工作的顺利进行。

表 4.2 为整个清管流程中需要注意的部分附属阀件。

表 4.2　附属阀件调查表

海管段区	内容	调查结果
发球端	有无曲率半径较小的弯头	
	阀门	
	有无单向阀	
	有无腐蚀挂片	
立管	有无阀门	
	有无腐蚀挂片	
海底平管	有无 Y 形三通	
	有无 T 形三通	
	有无阀门	
	有无软管	
	悬跨有无大变形	
	有无第三方机械损伤	
收球端	有无曲率半径较小的弯头	
	阀门	
	有无单向阀	
	有无腐蚀挂片	
	指示器	

尽管作为附属阀件,但其中某些部件在管道结构上的重要作用不可忽视,所以检查这些附件也就成为一项重要的工作。

4.5　管道屈曲分析

管道屈曲度的研究是分析管道稳定性的一个因素,屈曲也称管道失稳,是指结构丧失了保持原有平衡形状的能力,由于管道壁具有薄厚细长的结构特性,在受力条件恶化时,容易产生屈曲破坏,而管道的稳定性对管道进行清管及内检测也有一定的影响。如果管道的稳定性有很大问题,也就是说管道失衡,发生形变,也会对内检测工作造成重大的影响,如清管球、检测装置卡死等问题,所以这些在规划内检测工作计划时都是必须要考虑的。进行管道屈曲分析可以从局部屈曲、扩展屈曲和杆状屈曲几部分进行分析。下面将对每一部分进行分析预测计算的展示,方便读者进一步了解。

4.5.1　局部屈曲

对管道局部屈曲可定义为:管道截面扁平化或翘曲褶皱超过规定的限度。局部屈曲是由于管道局部刚度不足而产生的破坏,主要表现在较短长度内管道横截面积发生较大形变。在进行屈曲分析时需要进行计算。下面给出相应的计算公式。

在外部过压的情况下,可按照下式计算管道屈曲的临界外压:

$$P_{cr} - \left[2\sigma_F \frac{t}{D} + \left(1 + 0.03 \frac{D}{t} \right) C \right] P_{cr} + 2\sigma_F \frac{t}{D} C = 0 \tag{4.1}$$

式中,P_{cr} 为临界外压,Pa;σ_F 为规定的最小屈服强度,Pa;D 为钢管外径,m;t 为最小壁厚,m;C 为绝对光滑圆管临界压溃压力:

$$C = \frac{2Et^3}{(1 - v^2) D^3} \tag{4.2}$$

式中,v 为泊松比;E 为弹性模量。

临界外压应满足下述条件:

$$P_{cr} \geqslant 2P_e \tag{4.3}$$

式中,P_e 为外压,Pa。

4.5.2　扩展屈曲

局部屈曲只是出现在管道的某一局部,而扩展屈曲使管道某一局部屈曲扩展,对管道的损坏是严重的。扩展屈曲可按照下式计算临界压力:

$$P_{cr} = 1.15\pi\sigma_F \left(\frac{t}{D - t} \right)^2 \tag{4.4}$$

式中，P_{cr} 为临界的扩展屈曲压力，Pa。

临界的扩展屈曲压力应满足下述条件：

$$P_{cr} \geqslant P_e \tag{4.5}$$

符号说明如前。

4.5.3　杆状屈曲

杆状屈曲的计算方法按照高等院校石油天然气类规划教材《管道及储罐强度设计》中的内容进行计算。在地下管道的嵌固段，由于温度变化直线管道所受的最大轴向压力 P_0 为

$$P_0 = \left(-v\frac{pD}{2t} + \alpha E \Delta T \right) A \tag{4.6}$$

式中，P_0 为轴向压力，N；p 为内压，Pa；A 为管子的管壁截面积，m；α 为膨胀系数；ΔT 为温度变化，℃；其他符号说明同前。

当轴向压力达到或者超过某一临界值 P_{cr} 时，管道将丧失轴向稳定性，产生波浪形弯曲，拱出地面而造成管道破坏。因此，必须对埋地管道的轴向稳定性进行验算。我国油气管道工程设计规范规定管道轴向稳定性验算的条件为

$$P_0 \leqslant nP_{cr} \tag{4.7}$$

式中，n 为安全系数，可取 $n = 0.6 \sim 0.75$；P_{cr} 为失稳临界力，N：

$$P_{cr} = 2\sqrt{K_0 DEI} \tag{4.8}$$

式中，I 为惯性矩：

$$I = \frac{\pi\left[D^3 - (D-t)^3\right]}{64} \tag{4.9}$$

K_0 为土壤的压缩抗力系数：

$$K_0 = \frac{0.12 E_{so} \eta_{so}}{(1 - v_{so}^2)\sqrt{L_0 D}} (1 - e^{-2h_0/D}) \tag{4.10}$$

E_{so} 为土壤弹性模量，N/m³；v_{so} 为土壤泊松系数；η_{so} 为土壤的弹性模量降低系数；L_0 为单位管道长度，$L_0 = 1$m；h_0 为管道中心线至填土表面的距离，m；D 为管道外径，m。

如果不能满足式(4.7)，管道轴向稳定性就不能得到保证，就必须采取相应的措施提高 P_{cr} 值。例如，夯实回填土或增大管道埋深。必须指出，式(4.8)计算所得的管道轴向失稳只适用于直线管道（$R \geqslant 1000D$）。弯曲管道的 P_{cr} 的值要小很多。故对于弯曲管道，尤其是向上弯曲的埋地管道的轴向失稳要进行验算。临界压力可按下式求得：

$$P_{cr} = 0.375 q R_0 \tag{4.11}$$

式中，R_0 为计算曲率半径，m；q 为管道向上作横向位移时的土壤极限阻力，$q =$

q_0+nq_{cr},N/m;q_0 为管道所受向下压力,$q_0=q_1+q_2$,N/m;q_1 为管子本身和管内流体重量,N/m;q_2 为压重物的重量或锚栓对管道的拉力,N/m;n 为土壤载荷系数,$n=0.8\sim1.2$;q_{cr} 为土壤对抗管道作向上的横向位移时的临界支撑力,N/m:

$$q_{cr}=\rho_{so}gD(h_0-0.39D)+\rho_{so}gh_0^2\tan(0.7\varphi)+\frac{0.7Ch_0}{\cos(0.7\varphi)} \tag{4.12}$$

式中,ρ_{so} 为管顶的填土密度,kg/m³;φ 为土壤内摩擦角;C 为土壤黏着力。

为了方便起见,P_0 仍然按照式(4.6)进行计算,向上弯曲管道的稳定性条件为

$$P_0\leqslant P_{cr} \tag{4.13}$$

4.6　案例分析

4.6.1　管道简介

结合本章内容,以一个具体实例来进行管道结构这一层次上的可行性分析。本小节以某海管管道为例。

该海上平台的开发工程设施由一座中心平台(CEP)、一座以栈桥与 CEP 相连的平台和一座独立井口平台 C 平台组成。

此次评估项目的评估对象是该天然气群的 3 条海底管道。3 条海底管道基本情况见表 4.3。

表 4.3　管道基本情况

描述	管道长度/km	路由水深/m	设计参数				
			设计输量	最大操作压力/MPa	最大操作温度/℃	设计压力/MPa	设计温度/℃
甲	344.818	0～100	909×10⁴Sm³/d	8.5	40	9.4	40
乙	62.534	80～105	76.87+31.18m³/h	5.04	30.2	6.7	40
丙	18.642	93～108	35.8kg/s	9.5	54	10.5	59

甲外输管道路由区海底地形总体平坦,平均坡度约为 0.3×10^{-3};个别路由区段在不同季节有冲刷现象,但处于冲淤动态平衡状态。乙和丙平台间管道路由区域都处于东海陆架波状平原,同属残留地貌类型,海底略有起伏,在局部起伏地段,坡度最大可达 9×10^{-3},水深变化为 $-80\sim110$m,该路由区域海床稳定。

在进行清管及内检测时,本例使用了国外的某检测装置,国外检测设备的尺寸及压力要求都有已知文档可查阅。

4.6.2 发球筒长度

发球筒长度为 4480mm,在清管阶段,发球筒具备发球条件。在内检测阶段,电子几何检测球对发球筒的要求如表 4.4 所示(表中字母所示内容以图 4.3 为参考)。

表 4.4 电子几何检测球检测数据(发球筒长度为 4480mm)

	电子几何检测球建议数据/mm	实际数据/mm
A	794	4480
B	400	770
C	358	310
D	276	1140

所以发球筒长度满足电子几何检测球的作业要求。

金属损失检测球对发球筒的要求如表 4.5 所示。

表 4.5 金属损失检测球检测数据(发球筒长度为 4480mm)

	金属损失检测球建议数据/mm	实际数据/mm
A	2092	4480
B	400	770
C	356	310
D	372	1140

所以发球筒长度满足金属损失检测球的作业条件。

收球筒长度为 1820mm,在清管阶段,收球筒具备发球条件。在内检测阶段,电子几何检测球对收球筒的要求如表 4.6 所示。

表 4.6 电子几何检测球检测数据(收球筒长度为 1820mm)

	电子几何检测球建议数据/mm	实际数据/mm
A	794	1820
B	478	572
C	358	330
D	794	4150

所以收球筒长度满足电子几何检测球的作业要求。

金属损失检测球对收球筒的要求如表 4.7 所示。

表 4.7　金属损失检测球检测数据(收球筒长度为 1820mm)

	金属损失检测球建议数据/mm	实际数据/mm
A	2092	2210
B	572	1020
C	356	410
D	2092	2340

所以收球筒长度满足金属损失检测球的作业条件。

综上所述,收发球筒在几何尺寸上满足清管及内检测需求。

4.6.3　操作空间

首先是发球筒操作空间,如图 4.9 所示。

图 4.9　发球筒操作空间

发球筒距离地面 880mm,快开盲板区域作业空间为 3000mm×5000mm。在清管阶段,可以在此空间下进行收球。

电子几何检测球对收球空间的理想要求为 1794mm×1794mm,可以在此空间下进行发球。

金属损失检测球对发球空间的理想要求为 3092mm×3092mm,可以在此空间下进行发球。

接下来是收球筒操作空间,如图 4.10 所示。

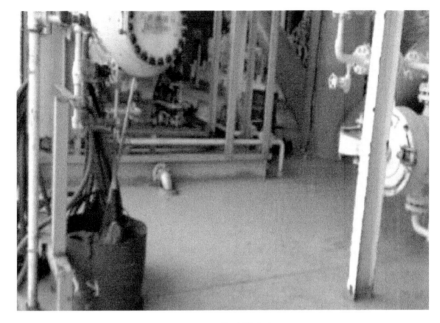

图 4.10　收球筒空间

收球筒距离地面 600mm,快开盲板区域作业空间为 2600mm×2900mm。在清管阶段,可以在此空间下进行收球。

电子几何检测球对收球空间的理想要求为 1794mm×1794mm,可以在此空间下进行收球。

金属损失检测球对收球空间的理想要求为 3092mm×3092mm,可以在此空间下进行收球。

综上所述,收发球筒在操作空间上满足清管及内检测需求。

4.6.4　管道附件

该管道设施是基于可通球管道设计,前期成功进行过清管和测径通球作业,因此在通球上不存在问题。

阀门为全通径类型,最小内径、弯管曲率半径、收发球装置都能满足内检测的作业条件。

4.6.5　管线工艺

根据内检测器具的要求,管线的操作压力为 3～10MPa,管线的介质输送速度为 0.5～5m/s,该管线的工艺条件满足清管和内检测要求。

4.6.6 管道屈曲度

从局部屈曲进行分析，按照详细设计 *Subsea Pipelines Preliminary & Detail Engineering and Design*（SPC. 0000-ZA-E-09007）规定如下。

管道金属特性：

密度为 7850kg/m³；

弹性系数为 $2.07×10^5$ MPa；

泊松比为 0.3；

线性热膨胀系数为 $1.17×10^{-5}$ ℃$^{-1}$。

将数据代入式（4.2），经过计算可知：

$$C = \frac{2×2.07×10^{11}×0.0111^3}{(1-0.3^2)×0.4064^3} = 9.27×10^6 （Pa）$$

代入式（4.1）计算所得

$$P_{cr} = 5.1×10^6 （Pa）$$

取海水密度为 1250kg/m³，平均水深为 102m，平均埋深为 0.5m，计算外压为

$$P_c = P_{c水} + P_{c土} = 1250×9.8×102 + 1400×9.8×0.5 = 1.26×10^6 （Pa）$$

即 $P_{cr} \geqslant 2P_c$ 成立，管道稳定。

分析扩展屈曲，由于扩展屈曲的传播条件首先是要有局部屈曲，而该段混输海底管道计算值显示管道稳定，没有局部屈曲，故可以认为无扩展屈曲。

分析杆状屈曲，按照详细设计 *Subsea Pipelines Preliminary & Detail Engineering and Design*，取入口最高温度与敷设温度 $\Delta T = 20$℃，管道运行平均压力 $P = 4.04$MPa，计算直线管道截面积为

$$A = \frac{\pi(D^2 - d^2)}{4} = \frac{\pi(0.4064^2 - 0.3842^2)}{4} = 0.0138 （m^2）$$

最大轴向压力为

$$P_0 = \left(-0.3×\frac{4.04×10^6×0.4064}{2×0.0111} + 1.17×10^{-5}×207×10^9×20\right)×0.0138$$

$$= 3.62×10^5 （N）$$

在第一种情况下，即埋深 $h = 0.1$m 时，首先进行直管段失稳计算。管道中心线至填土表面的距离：

$$h_0 = 0.1 + \frac{0.4064}{2} = 0.3032 （m）$$

按照土壤密度 $\rho_{so} = 1400$kg/m³，取土壤弹性模量 $E_{so} = 400×10^5$ N/m²，土壤的泊松系数 $\nu_{so} = 0.2$，土壤弹性模量降低系数 $\eta_{so} = 0.3$，土壤的压缩抗力系数为

$$K_0 = \frac{0.12×4×10^7×0.3}{(1-0.2^2)\sqrt{1×0.4064}} × (1 - e^{\frac{-2×0.3032}{0.4064}}) = 1.8×10^6 （N/m^2）$$

直管段的失稳临界压力为

$$P_{cr}=2\sqrt{1.8\times10^6\times0.4064\times2.07\times10^{11}\times\dfrac{\pi(0.4064^3-0.3842^3)}{64}}$$

$$=1.27\times10^7(N)$$

安全系数取最不利情况($n=0.6$),得到:

$$nP_{cr}=0.6\times1.179\times10^7=7.074\times10^6(N)$$

直管段轴向稳定性验算的条件[式(4.7)]成立,直管段稳定。

再进行弯管段失稳计算,取海水密度为 $1250kg/m^3$,土壤密度为 $1400kg/m^3$,钢管密度为 $7850kg/m^3$,流体密度为 $800kg/m^3$。由于海水浮力与配重层重力相互抵消,故不纳入考虑。

管子本身和管道内流体重量为

$$q_1=7850\times0.0138+800\times\dfrac{\pi\times0.3842^2}{4}=201.03(N/m)$$

所压土壤的重量为

$$q_2=0.4064\times\left(\dfrac{0.4064}{2}+0.1\right)\times1400-1400\times\dfrac{1}{2}\times\dfrac{\pi\times0.4064^2}{4}=81.75(N/m)$$

管内所受向下的压力为

$$q_0=q_1+q_2=201.03+81.75=282.9(N/m)$$

取土壤内摩擦角 $\varphi=35°$,土壤黏着力 $C=0.01\times10^5N/m^2$,计算土壤抗管道做向上的横向位移时的临界支撑力为

$$q_{cr}=1400\times9.8\times0.4064\times(0.3031-0.39\times0.4064)$$

$$+1400\times9.8\times0.3032^2\tan(0.7\times35°)$$

$$+\dfrac{0.7\times0.01\times10^5\times0.3032}{\cos(0.7\times35°)}=1614.88(N/m)$$

按照最不利情况取土壤载荷系数($n=0.8$)。管道向上做横向位移时的土壤极限阻力为

$$q=282.9+0.8\times1614.88=1574.804(N/m)$$

取弯曲半径 $R_0=1000D=4064m$,弯管道轴向失稳临界压力为

$$P_{cr}=0.375\times1574.804\times4064=2.4\times10^5(N/m)$$

弯管段轴向稳定性验算的条件[式(4.13)]不成立,弯管段不稳定。

当埋深 $h=0.2\sim0.5m$ 时,按照埋深 $h=0.2m$、$0.3m$、$0.4m$、$0.5m$ 等分别进行计算,计算方法与上述方法相同。得到不同埋设深度管道的稳定性如表 4.8 所示。

表 4.8 管道屈曲稳定性分析

埋深 h/m	局部屈曲	扩展屈曲	杆状屈曲	
			按直管段计算	按弯管段计算
$\leqslant 0.1$	稳定	稳定	稳定	$P_0 = 3.6 \times 10^5 \mathrm{N}$ $P_{cr} = 2.4 \times 10^5 \mathrm{N}$ $P_0 \geqslant P_{cr}$ 不稳定
0.2	稳定	稳定	稳定	$P_0 = 3.6 \times 10^5 \mathrm{N}$ $P_{cr} = 3.8 \times 10^5 \mathrm{N}$ $P_0 \leqslant P_{cr}$ 稳定
0.3	稳定	稳定	稳定	稳定
0.4	稳定	稳定	稳定	稳定
0.5	稳定	稳定	稳定	稳定
$\geqslant 0.5$	稳定	稳定	稳定	稳定

由表 4.8 可知,C 平台至 CEP 混输海底管道局部稳定,计算值显示无局部屈曲;由于扩展屈曲是发生在局部屈曲的基础之上,故无扩展屈曲;杆状屈曲按照直管段计算所得结果均为稳定,按照弯管段计算所得结果为:当埋深 $h \leqslant 0.1\mathrm{m}$ 时,管道存在失稳的可能性;当埋深 $h > 0.1\mathrm{m}$ 时,管道稳定。

经过详细分析后,可得出如下结论:

(1) 发球筒的长度、作业空间、工艺流程、附件满足通球作业要求;

(2) 收球筒的长度、作业空间、工艺流程、附件满足通球作业要求,但收球筒前过球指示器已损坏,应及时维修更换;

(3) 管道附件(弯头、阀门、三通、管道结构)满足通球作业要求;

(4) 管道生产工艺(压力、流量、温度)满足通球作业要求;

(5) 管道屈曲稳定性分析满足要求。

综上所述,该管线在结构层面上基本满足清管和内检测要求,可以进行下一阶段的分析验证。

4.7 本章小结

本章主要从影响清管及内检测通球管道结构层次上的可行性进行分析讨论。通过讨论收发球装置的位置、空间、管道附件以及管线工艺等几个方面的内容,对管道结构层次上的影响因素有了初步的了解,与此同时,对清管作业的流程也有了一定程度的了解。

　　如果通过分析可以判断:发球筒的长度、作业空间、工艺流程、附件满足通球作业要求,收球筒的长度、作业空间、工艺流程、附件满足通球作业要求(若有收发球筒部件损坏,应当及时维修更换),管道附件(弯头、阀门、三通、管道结构)满足通球作业要求,管道生产工艺(压力、流量、温度)满足通球作业要求,就可以初步认定在管道结构层次上满足清管和内检测的基本要求,可以进行内检测。

第 5 章 管道内部状态可行性分析

5.1 管道通球风险分析

第 4 章从管道结构层面上对清管以及内检测的可行性进行了初步的了解、认知,包括清管及内检测作业的收发球装置、管道工艺等几个方面,通过分析判断最后得到初步的可行性分析结果,从而进行接下来的分析。

在得到初步分析结果之后,接下来要对管道内部的某些状态进行分析,这在管道检测工作中也是十分重要的一个环节。本章将从海底管道的砂沉积、沥青质沉积、结蜡以及结垢等几部分进行了解,这些参数涉及管道内部的实际工况以及管道的稳定性,这对进行管道清管及内检测工作都是有十分重要影响的。下面将进行细致的分析。

5.2 管道砂沉积分析

海底混输管道运行一段时间后,管道内部砂沉积等会导致管道通过量减小,明显降低缓蚀剂效率。加速管道底部磨蚀,甚至造成清管器卡堵事故,因此对管道砂沉积的分析也就变得十分重要了。

影响砂沉积临界流速的主要因素包括管径、砂的浓度、密度、颗粒大小及形状等。目前对非均质流临界流速的计算主要依靠经验公式,分为均匀颗粒和非均匀颗粒沉积流速计算两类,使用经验公式时必须符合其适用范围。

下面将结合具体案例来对砂沉积的计算进行说明。选取某一作业区平台间管线的具体数据进行分析,进而使读者更为清楚的理解。

在进行计算之前,需要得到表 5.1 所示的数据,并以此作为计算砂沉积的工况条件。

表 5.1　参数获取列表

时间	油流量 /(m³/d)	气流量 /(m³/d)	水流量 /(m³/d)	入口压力 /MPa	入口温度 /℃	出口压力 /MPa	出口温度 /℃
2012 年 5 月 10 日	473.27	1.3758	693.20	0.86	57.00	0.50	55.00

注:此表数据为 2012 年海底管道 5 月 10 日工况所得,具有真实性。

现针对某一作业区平台间管道的具体情况,对砂沉积的临界流速进行详细计算。

参量描述:管道内径 335mm;水密度为 1000kg/m^3;砂为花岗岩材质,密度取为 2.7×10^3 kg/m^3,体积浓度 $C_v = 0.003\%$,根据《海底井沙粒在多相流管道内的输送和沉积》及防砂孔径 230 目(0.063mm),取砂粒粒径为 0.06mm 进行计算。

首先按照非均匀颗粒计算沉积流速。分别采用与砂粒粒径无关的卡察斯基公式和舒克公式,以及与砂粒粒径有关的王可钦公式进行计算。

1) 卡察斯基公式

$$\left(\frac{U_{cr}}{(gD)^{\frac{1}{4}}}\right)^{1-Z^{\frac{1}{3}}} = 0.73 + 0.04 C_w^{1.21} e^{0.055C_w} + 1.678 \times 10^{14} C_w^7 \quad (5.1)$$

式中,Z 为指数,取 0.28;D 为管内径,304.9mm;g 为重力加速度,取 9.8m/s^2;C_w 为砂粒质量浓度,C_w 按下式计算:

$$C_w = \frac{\gamma_s}{\gamma_m} C_v = 0.0081$$

式中,C_v 为体积浓度,即浆体中固体颗粒的体积与浆体体积之比;γ_s 为固体颗粒容重;γ_m 为浆体容重,即单位体积的浆体所具有的质量,$\gamma_m = \gamma + (\gamma_s - \gamma)C_v = 1000.051$。

公式适用范围为煤及矿砂等材料;密度范围为 $1.385 \sim 5.25$g/cm^3;管径范围为 $98 \sim 800$mm。故满足上述条件,将参数数值代入,可得

$$U_{cr} = 0.414\text{m/s} \quad (5.2)$$

2) 舒克公式

$$U_{cr} = 2.43 \left(2gD\left(\frac{\rho_s - \rho}{\rho}\right)\right)^{\frac{1}{2}} \frac{C_v^{\frac{1}{3}}}{C_d^{\frac{1}{4}}} \quad (5.3)$$

式中,ρ_s 为固体颗粒密度;ρ 为浆体密度;C_d 为固体颗粒阻力系数,取为常数 0.45;其他参数值同前。

将参数数值代入,可得

$$U_{cr} = 0.197\text{m/s} \quad (5.4)$$

3) 王可钦公式

$$U_{cr} = 9.6 \left(gD\left(\frac{\gamma_s - \gamma_m}{\gamma_m}\right)\right)^{\frac{1}{2}} \left(C_v \frac{d}{D}\right)^{\frac{1}{4}} \quad (5.5)$$

式中,d 砂粒粒径,取 0.06mm;其他参数值同前。

将参数数值代入,可得

$$U_{cr} = 0.194\text{m/s} \quad (5.6)$$

上面是按照非均匀颗粒计算的沉积流速,下面将按照均匀颗粒计算,采用杜兰

德公式进行计算,沉积临界速度的计算与粒径有关。

杜兰德公式为

$$U_{cr} = (Fr)_L \left(2gD \left(\frac{\rho_s - \rho}{\rho} \right) \right)^{\frac{1}{2}} \tag{5.7}$$

式中,$(Fr)_L$ 是固体颗粒及体积浓度的函数,可查资料获取;其他参数同前。

将参数数值代入,可得临界速度:

$$U_{cr} = 1.91 m/s$$

5.3　沥青质沉积预测

5.3.1　石油沥青质

沥青质(asphaltene)是石油中极性最强且分子量最大的非烃组分,是溶于苯或者甲苯但不溶于低级正构烷烃($nC5$—$nC8$)的一类物质。沥青质这个概念起源于天然沥青,然而现今已经扩散到如页岩油或煤液体等其他有机矿物燃料。石油中最重的物质包括沥青质和胶质(resin)。然而,沥青质与芳香物间没有严格的界限。另外,由于沥青质的结构和组成非常复杂,使用不一样沉淀剂沉淀出来的产物的性质也不同。

一般情况下,原油是一种比较稳定的胶体分散体系,其中,胶束以附着于原油的胶质作为溶剂化层构成,分散相的核心为沥青质,分散介质的主要组成是油分和部分胶质。要使体系稳定,必须有足够高的分散介质的芳香度。针对沥青质的分散,胶质的功能为胶溶剂。比临界胶束浓度(CMC)高时,沥青质分子会发生缔合,形成胶束。石油体系中各组分之间的互溶稳定性受大分子量与小分子量组分的比以及极性与非极性组分的比的影响。如果向混合体系中加入溶剂就会破坏这两个比值,里面的极性组分和重质就会被区分出来,产生另一种固相或液相沉淀。这些被分离出的大分子极性物质间若由于氢键或者其他化学力而使分子间相互聚结,将产生不可逆的沥青质沉淀。这些沉淀物会附着在管壁内侧,对管道内径产生影响,造成管道内径变小。如果情况严重,这种变化会非常明显,这样,在清管及内检测过程中就可能出现卡球堵死等状况,使检测工作无法正常进行,所以也是在进行工作规划之前必须要进行分析的。

5.3.2　影响沥青质沉积的因素分析

影响沥青质沉积的因素主要有原料组成、压力影响、温度影响以及溶剂影响等几个因素。

一些专家学者认为产生沥青质缔合的原因是原料组成即极性、分子对称性、其较高的分子量及芳香度等。

原油中极性最强的成分是沥青质,沥青质分子中通常含有多个杂原子。这些极性物质在稀溶液中的存在形式是单体形式;这些极性物质在浓度比较高时,就可能以氢键或电子给体-受体形式相结合而形成沥青质聚集体的超分子结构,甚至可能沉积出来。然而,沥青质沉积现象不仅与沥青质含量有关,还取决于原油中其他成分的性质与含量。

胶质浓度是沥青质缔合的另一重要因素。沥青质必要的胶溶剂是胶质,石油混合物是有临界胶质浓度的。当胶质含量比临界胶质浓度高时,沥青质颗粒不沉淀;比临界胶质浓度低时,则沉淀。采油过程中,控制沥青质沉积的方式可以选择在适当位置注入适量的胶质。

组成复杂石油体系所有组分之间的关系非常紧密。如果混合物中低分子量分子与高分子量分子、非极性分子与极性分子在性质及含量上都相对匹配,那么该体系是相对稳定的,相反,就会产生沥青质沉积。

相比于原料组成对沥青质沉积的影响程度,压力因素对沥青质沉积的影响就比较复杂。如图 5.1 所示,在温度一定的情况下,当压力在恰当的范围内时,沥青质可以形成沥青质沉积,压力低于或者高于这个恰当的范围时,沥青质均不会沉积。

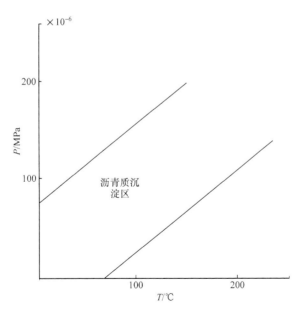

图 5.1　沥青质沉积的温度、压力区域

另外,沥青质沉积也受温度的影响。沥青质沉积的量随着温度的上升而减小。同时,芳香度升高,沉积的沥青质的杂原子含量没有明显的变化,所沉积的沥青质的 H/C 随温度升高而降低。

　　除了上述几个因素以外,研究还表明,在不一样极性的溶剂中,沥青质的缔合程度也不一样。沥青质的缔合程度会随着溶剂极性的减小而升高。沥青质沉淀量随溶剂/油比的增大而增加,但沉淀量达到一定比例后一般不会有沥青质沉淀出来即趋于稳定。对于不一样的溶剂,在该稳定状态下,到达沉淀起始点的溶剂/油比也不一样。当溶剂是硝基苯时,沥青质的界面张力随着浓度的对数呈直线下降;当吡啶为溶剂时,沥青质界面张力改变,有明显的拐点。从而,得出不是在所有的体系中沥青质聚集均会产生的观点。

　　目前主要的沥青质沉积预测方法可分为基于胶体理论的预测模型及基于相平衡的预测模型两种模型。虽然在一定程度上,这两类模型可以预测原油沥青质沉积,但需要输入较多参数,参数获得过程也很复杂。贝克休斯公司提出了反映四组分组成与沥青质沉积稳定性的胶体不稳定系数如图 5.2 所示,该模型考虑了原油芳香分、胶质、沥青质和饱和分四组分含量对原油沥青质稳定性的影响。横坐标表示胶质和芳香分质量分数的和;纵坐标为沥青质与饱和分的质量分数的和。

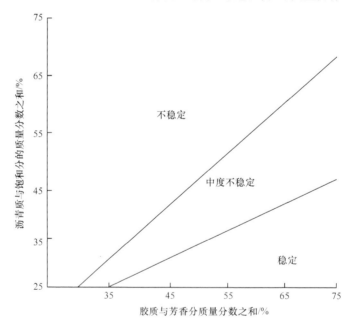

图 5.2　沥青质不稳定系数

　　此模型是目前沥青质稳定性评价的通用方法。

$$CII = \frac{Aromatic\ wt\% + Resin\ wt\%}{Satureate\ wt\% + Asphaltene\ wt\%} \tag{5.8}$$

式中,CII 为原油沥青质稳定指数。当 CII<0.7 时,整个体系是稳定的;当 CII>0.9 时,整个体系非常不稳定;当 0.7≤CII≤0.9 时,整个体系是中度不稳定的。

5.4　管道结蜡风险分析

5.4.1　结蜡成因及危害

蜡在地层条件下溶解在原油中,在开采与输送中,压力与温度会逐渐降低,原油中轻质组分随之逸出。随着分子量的增大,石蜡在原油中的溶解度也会下降,故原油中的石蜡在降温过程中,根据原油中分子量的高低依次析出。

原油和管壁之间的温差是导致输油管道结蜡的主要原因。在流动过程中,原油不断向周围环境散热,其中管壁处的油流温度是最低的,管壁处的油温下降到析蜡点后,粗糙管道内壁处的蜡首先成为结晶核心,从而析出结晶,产生一层结蜡层,并进一步吸附原油中的蜡晶颗粒。并且,原油和管壁之间有温差,蜡的溶解度与温度有关,因此油流中石蜡分子就会产生径向浓度梯度,这也为结蜡进一步提供条件,导致石蜡分子由管道中心至管内壁进行扩散。一方面,管道中的石蜡沉积会缩小管道的流通面积,增大摩阻,进而增高了运输油品的动力费用。清管及内检测过程当中,就可能出现清管球或检测球无法正常通过产生卡死堵塞的问题;另一方面,石蜡沉积层使油流至管内壁的热阻增大,降低了总传热系数,进而使运输油品的热力费用减少,对产品后期运输业石油具有十分重要的研究意义。

5.4.2　结蜡的影响因素

对于结蜡的影响因素,将从下面的几点进行论述,方便读者有所认知。

1) 原油组成和性质

蜡的结晶温度随着原油中含有的轻质馏成分的增多,也会逐渐越低,从而保持溶解状态的蜡量也会越来越多。随着温度的降低,蜡在油中的溶解量随之减小。蜡的结晶温度随原油中含蜡量的逐渐增多而越来越高。轻油的蜡结晶温度在含蜡量相同的情况下是低于轻油的结晶温度的。

2) 原油中的胶质和沥青质

原油中含有不同程度的胶质和沥青质影响着蜡的析出过程、结在管壁上的蜡性质以及初始结晶温度。胶质是表面活性物质,其阻止结晶的发展方式为吸附初始结晶蜡。胶质的进一步聚合物就是沥青质,它以极小的颗粒分散在油中,具有不溶于油的性质,可作为石蜡结晶的中心。因为存在胶质、沥青质,蜡结晶与胶质结合紧密,分散得致密而均匀。但在管壁上沉积的蜡也因为胶质、沥青质的存在,很难被油流冲走。因此原油中的胶质、沥青质一方面使结蜡程度降低,另一方面结蜡后增强了沉积蜡勃结强度,更难被油流冲走。

3）油温

在温差、流速均一样时,油温随着结蜡倾向系数的增大而变高。可以解释为,升高原油温度时,就会导致管壁处蜡分子浓度减小,原油勃度也随之减小,同时,扩散系数会变大,但是管壁处的温度梯度是基本不变的,管壁剪切应力减小,从而削弱了油流对结蜡层的冲刷,所以在管壁上结晶析出、沉积下来的蜡分子比例相对升高。

4）管壁温差

管壁温差增大时,管壁结蜡量也增大。这可以解释为,增大中心油流与壁温之间的温差,就会增大石蜡分子的浓度梯度,增强分子扩散作用。在中心油温一定的情况下,壁温越低,管壁附近的蜡晶浓度就会越大,也会加强由布朗运动产生的蜡晶间的相互碰撞,加强了剪切弥散作用,这些均有利于管壁结蜡。

5）流速

结蜡速率随流速的增大而减小,结蜡强度随之减小。加大流速就会导致管壁剪切应力增大,这加强了油流的冲刷作用,从而减薄了管壁上的结蜡层。

6）管壁材质与原油中杂质

原油里所含有的其他机械杂质越多,管壁越粗糙,就越容易结蜡。由于原油中所含的其他机械杂质与粗糙的表面可以提供更多的蜡结晶的核心,使结蜡更加容易。

7）运行时间

结蜡层的厚度随运行时间的延续而缓慢增大,并且蜡沉积的增量降低。由于增加结蜡层厚度时,热阻也会随之增大,散热量也会减少,减小了结蜡层表面与油流的温差,进而减小了蜡沉积增量。

5.4.3　处理措施

一旦通过分析发现结蜡程度对清管及内检测有影响时,就要采取一定的处理措施。

针对我国石油开采中存在的结蜡问题,分析其根本原因,用以为结蜡的防治提供技术基础,需要从不同的角度入手,具体分析内容如下。

首先,物理法主要是通过一些物理方式,将附着在油管以及油杆上的结蜡进行清除。目前我国所使用的结蜡清理方式中,物理法是最常用的,其中热力清除法、机械法以及强磁设备的使用和超声波技术的应用是使用最广泛的物理清蜡法。

另外,可以采用热力法,这种方式主要采用热力学原理,通过提高油管即沉积面的温度或者提高油管中液流的速度,将沉积于油管中的石蜡溶解。传统的热力法主要是反循环热洗法,这种方式效率低污染性大,所以可以采用多功能热洗封隔装置以及温控短路热洗装置对结蜡处进行清理。

同样,也可以采用机械法清蜡方式。通过专用的工具,用刮除的方式将附着在油管上的石蜡清除,并由液流带走刮除的石蜡,以此达到清蜡的效果。在自喷井的清蜡中,主要使用刮蜡钻头以及刮蜡片,而在泵抽油井中则通过活动刮蜡器进行清蜡。这种方式的优点在于操作简单便捷,且具有低成本的特点,但是清蜡较为费时费力。

此外,还包括通过强磁设备作用作为预防措施。主要是通过磁场对原油中的石蜡进行作用,削弱其分子之间的聚合性。石蜡晶体是带有电荷的,在磁场的作用下,会减慢石蜡晶体在油管上附着的速度,悬浮于原油中的石蜡会随着原油的流出而流出。

还有一种方法是超声波技术。这种技术主要利用超声波使分子产生机械振动,这会加速原油分子的相对运动,分子间的摩擦力也会随之增加。石蜡烃为长链结构,在这种环境下便会出现断裂,分子团会被破坏,从而降低了石蜡的析出沉淀速度。超声波在振动过程中会产生剪切应力,这对石蜡结晶具有抑制作用。

5.5　管道结垢分析

5.5.1　结垢成因

从管道中采集到的垢样包括各种无机物和以石油及沥青为主的有机物,其中,无机垢最为典型,统称为油田垢。在管道中大量出现的油田垢,从成分上大体可以分为盐类垢、腐蚀垢及泥沙等沉积垢。与前面提到的其他内容相似,管道结垢也会影响管道内径,造成管道卡堵,在内检测工作当中也会对通球工作造成影响,所以在分析过程中,也要将其考虑在内。

油田垢产生的原因是一些离子结合后会形成在水中不溶、难溶和微溶的物质,这些物质都很容易成为积累的水垢,也即盐类垢。通常,这类垢是由碳酸盐和硫酸盐组成的,典型的有碳酸钙、硫酸钙、硫酸钡、硫酸铬等。这种垢的形成一般会经历成核长大的过程,先是少量垢核心在管道表面形成、附着,然后更多的其他成垢化合物在这些核心周围聚集,成为更大的垢团。随着水流的冲刷,一部分垢被冲掉,但其他垢继续生成,最终可能阻塞管道。随着环境水温的升高,这些难溶或微溶盐的溶解度下降,就有更多的物质从水中析出,成为水垢。在一些管道中,当温度高于 60℃时才会出现明显的结垢趋势,温度越高,结垢的趋势越严重。水的流速也会明显影响结垢的趋势。水的流动越缓和,成垢核心生长的环境越稳定,随着管道输送介质流速的降低,水垢出现的概率逐渐提高,流速和流向的突然改变也会使结垢加剧。

腐蚀导致的水垢是由管道本身的材料转化而成的。有些腐蚀介质会将管道中的钢铁氧化,使其形成铁的氧化物、氢氧化物等。水中的溶解氧通过电化学腐蚀的方式来侵蚀管道基体,但是没有其他种类水垢的协助,这种成垢方式难以真正形成。水垢所覆盖的管道表面在电池反应中成为被腐蚀的阳极而逐渐氧化,并向管壁的内部不断侵入,这种水垢需要格外防范。一般地,管道内溶解氧的含量高,就会产生严重的腐蚀结垢。同时,水中溶解的硫化氢气体、二氧化碳气体及铁细菌、硫酸还原菌等都可以借助表面水垢的掩护,在垢下腐蚀管道的基体,形成严重的垢下腐蚀产物(碳酸铁、硫化铁等),并生成新的深层水垢。

热油管道在输送过程中,不断向周围环境散热,油品温度逐渐下降,当原油温度低于蜡的初始结晶温度时,蜡晶微粒便开始在油流中或固相表面析出,这也是垢物的一部分。

5.5.2　结垢的影响因素

管道结垢过程是非常复杂的。盐类垢结垢的最主要原因是溶解度一直过饱和。过饱和浓度除了受溶解度因素影响外,还与结晶动力学、流体力学、热力学等因素相关。腐蚀垢结垢则与周围环境、输送介质、材料等因素有关。管道结垢的主要影响因素如下。

1) 温度对结垢的影响

温度主要是通过改变易结垢盐类的溶解度对结垢产生影响的。图 5.3 是垢在水中的溶解度与温度的关系。从图 5.3 中可以看出,所有种类垢除 $CaSO_4 \cdot 2H_2O$ 溶解度有极大值外,均随温度的上升而下降。盐类垢是以碳酸盐为主要成分,温度上升会导致 $Ca(HCO_3)_2$ 分解,形成 $CaCO_3$ 结垢。以 $BaSO_4$、$SrSO_4$、$CaSO_4$ 为主的盐类垢,生成难溶解沉淀多数是由介质中的硫酸根与 Ba^{2+}、Sr^{2+}、Ca^{2+} 结合导致的。而这些反应大部分为吸热反应,沉淀随着温度的升高将会更多。

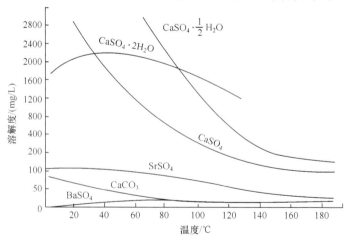

图 5.3　垢在水中的溶解度与温度的关系

温度也会对钢铁电化学反应的速率与细菌的繁殖速度产生影响。钢铁电化学反应的速率随着温度的变化而变化,进而改变腐蚀速率,影响生成腐蚀垢的速率。同样,各类细菌对温度的要求是不一样的,细菌的繁殖率随着管道输送介质温度的变化而变化,从而改变腐蚀速率,影响生成腐蚀垢的速率。

2)压力对结垢的影响

压力对 $CaCO_3$、$CaSO_4$、$BaSO_4$ 结垢均有影响。$CaCO_3$ 结垢反应会有气体参加,压力对结垢有相对较大的影响,可以通过降低压力来促进结垢。在管道输送过程中,压力通常会降低,所以结垢呈上升趋势。

3)流速对结垢的影响

随着流体速度的增大,各类污垢增长率减小。这是因为,增大流速虽然可以使污垢沉积率升高,但增大流速的同时引起剥蚀率的升高更加显著,导致总的增长率减小。流速减小时,更易产生微生物排泄物与介质中携带的固体颗粒沉积,从而导致管道更易结垢,尤其是在结构突变部位。流速突变也可归因为压力的变化,流速突然变大,会引起局部脱气,减小了 CO_2 分压,从而形成 $CaCO_3$ 结垢。

4)pH 对结垢的影响

碳酸盐溶解将随着溶液 pH 的增大而快速结晶,从而加大了结晶污垢热阻,减小了污垢形成的诱导期,有利于污垢生长。然而 pH 过低,会使腐蚀加速,产生腐蚀垢。所以,选择恰当 pH 的过程中必须同时考虑这两方面的问题,pH 的推荐范围为 6.5~8.0。

碳酸钙结垢趋势的预测可采用如下方法。

1)Davis-Stiff 饱和指数法

饱和指数为

$$SI = pH - K - pCa - pAlK \tag{5.9}$$

$$pAlK = lg1/(2[CO_3^{2-}] + [HCO_3^-]) \tag{5.10}$$

$$\mu = 0.5(c_1 z_1^2 + c_2 z_2^2 + \cdots + c_i z_i^2) \tag{5.11}$$

式中,SI 为饱和指数;pH 为水样的 pH;K 为修正系数,由不同温度下的离子强度 μ 与修正系数 K 的关系确定;pCa 为 Ca^{2+} 浓度(mol/L)的负对数;$pAlK$ 为总碱度(mol/L)的负对数;$[CO_3^{2-}]$ 为 CO_3^{2-} 的浓度,mol/L;$[HCO_3^-]$ 为 HCO_3^- 的浓度,mol/L;μ 为离子强度;c_i 为第 i 种离子浓度,mol/L;z_i 第 i 种离子价数。

2)Ryznar 稳定指数法

稳定指数为

$$SAI = 2(K + pCa + pAlK) - pH \tag{5.12}$$

在不同温度时,离子强度 μ 与碳酸钙修正系数 K 的关系如图 5.4 所示。

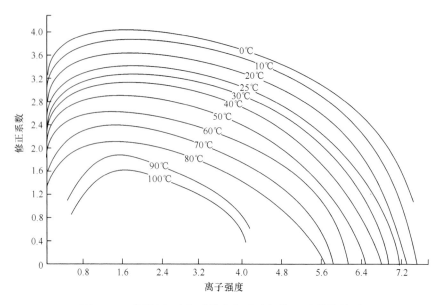

图 5.4　不同温度时离子强度与碳酸钙修正系数的关系

5.6　案　例　分　析

前面分析关于海底管道的砂沉积、沥青质沉积、结蜡、结垢以及管道的屈伸分析等因素,这些对制定管道清管及内检测作业都具有重要的影响。接下来以一个具体案例来进行分析,从而加深理解。

在这里以某海上至陆地终端的一段海底管道为对象进行分析。

在砂沉积计算上,该段中央平台至终端处理厂登陆管道的输液量为 18000m³/d左右,入口压力为 2.8～4.5MPa,管线直径为 508mm,计算出来介质的流速是1.225m/s。通常情况下,海洋平台上的管路流速为 1～5m/s,且通常摩阻很小。如果流速大于这个范围,会对如管件、控制阀等一些部位产生喷射冲刷。若流速小于这个范围,液体中的砂或其他固体可能沉积下来。介质流速为 1.225m/s,大于1m/s,因此介质中的砂子或其他固体不太可能沉积下来。由上述分析可以得出,海上平台至终端处理厂登陆管道里面的含砂量较少,可忽略。

结蜡分析上,从平台生产日报表文件中可以整理出该段中央平台至终端处理厂登陆管道 2009～2011 年的生产数据、海底管道入口端、出口端温度、压力数据。根据数据分析,实验中心 2011 年的检测报告认为该段中央平台至终端处理厂登陆管道的析蜡点温度为 10℃以下。根据该段中央平台至终端处理厂登陆管道原油分析报告可知原油中的含蜡量仅为 1.77%。对 2009～2011 年的生产数据进行分析,该段中央平台至终端处理厂登陆管道的运行温度为 $62 \sim 72℃ > 10℃$。可以判断该段中央平台至终端处理厂登陆管道结蜡趋势是较轻的,原油中的蜡基本上都处于融化的状态。

结垢分析上,当采用 Davis-Stiff 饱和指数法时,假设 pH=6.8,根据组分数据计算得

$$pCa = 3.2518$$
$$pAlK = 1.58$$
$$\mu = 0.5(c_1 z_1^2 + c_2 z_2^2 + \cdots + c_i z_i^2) = 0.076885$$

根据生产日报表,水温按 $65℃$ 计算,修正系数 $K = 1.5$、SI=0.4682。SI>0,有结垢趋势。

采用 Ryznar 稳定指数法时,假设 pH=6.8,根据组分数据计算得

$$pCa = 3.2518$$
$$pAlK = 1.58$$
$$\mu = 0.5(c_1 z_1^2 + c_2 z_2^2 + \cdots + c_i z_i^2) = 0.076885$$

根据生产日报表,水温按 $65℃$ 计算,修正系数 $K = 1.5$、SAI=5.8636。SAI<6,有结垢趋势。

最后分析沥青质沉积因素。实验中心关于该段中央平台至终端处理厂登陆管道原油分析报告以及研究院原油检验报告可知如下参数:原油的密度为 $967.6kg/m^3$($20℃$)、$948.5kg/m^3$($50℃$),API 度(60F)为 14.12,原油黏度为 $780.6mPa \cdot s$,凝固点为 $-8℃$,倾点为 $-6℃$,盐含量为 $42.0mgNaCl/L$,蜡含量为 1.77%,含残炭量为 9.38%,含机械杂质量为 0.01%,沥青质含量为 6.46%,胶质含量为 15.53%。

由式(5.10)计算可得,该段中央平台至终端处理厂登陆管道的原油沥青质稳定指数为 0.98,即 CII=0.98>0.9,所以海管的原油系统不稳定,原油中极有可能发生沥青质沉积。

在得到前面的分析结果之后,再进行深入分析论证,从而确定清管及内检测的相关工作。

5.7　本章小结

本章详细分析了管道中可能存在的常见污垢物,并根据管道参数对管道中各种可能存在的污垢物进行运算和分析,以进一步确定管道内部状态是否适合通球(包括清管器和内检测器)。

管道内部存在结垢、沥青质沉积等杂质。在理论分析的前提下,为了进一步确保通球作业的安全性,避免卡球,降低风险,本章通过理论分析,提供以下三种

方法：

（1）采用示踪剂技术。请专业公司采用示踪剂技术进一步检测管道内部垢、砂、沥青质沉积等的情况，得出管道内部沉积物的量和分布情况等，为检测管道内部状况是否满足通球作业要求提供更可靠的依据。

（2）添加防垢剂、沥青质沉积抑制剂和清除剂。向管道内部添加防垢剂，由专业公司根据管道的实际运行情况确定防垢剂的种类和添加浓度，防止管道内部进一步结垢。向管道内部添加沥青质沉积抑制剂，抑制管道内部进一步发生沥青质沉积。向管道内部添加沥青质沉积清除剂，清除管道内部已沉积的沥青质。由专业公司根据管道的实际运行情况确定沥青质沉积抑制、清除剂的种类和添加浓度。在外输管道的入口安装过滤器，防止沙子进入管道内。

（3）渐进式清管方式。在清管实施过程中，共用到两种类型的清管球：聚氨酯泡沫球、机械清管球。采用中密度的聚氨酯泡沫球进行通球验证，根据分析，该球如果磨损到90%ID(内径)，在生产条件下，该球也可在管道内运行，但是接收时间有所增加。如果接收到中密度泡沫球后，球体磨损不是很严重，根据现场实际情况分析，可采用中密度和高密度带有刷子的泡沫球进行通球。根据前面的运行情况，决定是否通泡沫测径球，测量管道内径变化的情况，测量盘建议选择90%ID。泡沫球的外径应准备100%ID和102%ID两种规格，现场实施时应首先选用100%ID的泡沫球，将管道内的积液和残留物质逐步清出，再进行下次通球，发球的数量和验收标准需根据现场实际情况，由有经验的管道清管检测工程师判定。

由于泡沫球清管效果差，只是初步清除管道内的沉积杂质等，一旦无法清除，造成卡球，可将球击碎。由于泡沫清管球不能将管道内可能存在的大量沉积杂质清除，因此应采用杯状机械清管球进行初步清管。杯状清管球的清管效果低于碟状清管球，因此不会将管道内大量附着物清出，不会造成收球筒堵塞或卡堵在管道局部。

通过采用杯片式机械清管球（配备95%ID的测量盘）、钢刷清管球、磁铁清管球逐步增大清管能力，渐进式地将管道内的附着物质逐步清出，确保清管通球的安全。发球的数量和验收标准需根据现场实际情况，由有经验的管道清管检测工程师判定。

通过以上作业，正确判断能否进行通球作业，从而进一步制订接下来的工作计划。

第6章 管道内检测种类及原理概述

管道内检测是指在不损坏管道的前提下,以物理或化学方法为手段,借助先进的技术和设备器材,对管道的内部结构、性质、状态及缺陷的类型、性质、数量、形状、位置、尺寸、分布及其变化进行检查和测试的方法,是对管道实施一种不损害或不影响其未来使用性能或用途的检测手段。

内检测是管道检测的主要手段之一。

基于管道完整性管理的管道检测服务,通常包括周期性清管、几何测径(通球或智能)、周期性智能内检测(漏磁、超声波或涡流)。

管道中可以被检测到的缺陷可以分为三个主要类型:①几何形状异常(凹陷、椭圆变形、位移等);②金属损失(腐蚀、划伤等);③裂纹(疲劳裂纹、应力腐蚀开裂等)。针对上述三种缺陷类型,世界上各大检测专业公司都根据市场和用户的需要研发了多种检测器,并不断更新换代。内检测器按其功能可分为用于检测管道几何形状异常的变形检测器,用于检测管道金属损失的金属检测器,用于裂纹、应力腐蚀开裂检测的裂纹检测器。

按照内检测的原理,管道内检测又可分为漏磁检测、超声检测和涡流检测等。这几种检测方法中还有具体的区分。例如,漏磁检测又可分为直流漏磁检测、交流漏磁检测、多频漏磁检测和脉冲漏磁检测;超声检测可分为电磁超声检测与压电超声检测;涡流检测可分为单频涡流检测、多频涡流检测、脉冲涡流检测以及远场涡流检测。针对所检测管道的不同特点以及所需获取的参数,从中选择合适的检测方法。

内检测有以下特点。第一是具有非破坏性,因为它在检测时不会损害被检测对象的使用性能。第二是具有全面性,由于检测是非破坏性的,因此必要时可对被检测对象进行100%的全面检测,这是破坏性检测办不到的。第三是具有全程性,破坏性检测一般只适用于对原材料进行检测,如机械工程中普遍采用的拉伸、压缩、弯曲等,破坏性检验都是针对制造用原材料进行的,对于产成品和在用品,除非不准备让其继续服役,否则是不能进行破坏性检测的。可以看出,破坏性检测显然不适用于对管道的检测,而内检测因不损坏被检测对象的使用性能,所以内检测方法适合对服役中的管道进行检测。

内检测方法具有以下特点:

(1)非破坏性,是指在获得检测结果的同时,不会对管道造成破坏。因此,检测规模不受限制,既可抽样检验,又可在必要时采用普检。因而,更具有灵活性(普检、抽检均可)和可靠性。

（2）互容性,是指检验方法的互容性,即同一管段可同时或依次采用不同的检验方法,而且又可重复地进行同一检验。这也是非破坏性带来的好处。

（3）动态性,是指管道内检测方法可对使用中的管道进行检验,而且能够适时考察管道运行期的累计影响。因而,可查明结构的失效机理。

（4）严格性,是指内检测技术的严格性。管道内检测需要专用仪器、设备,同时需要专门训练的检验人员,按照严格的规程和标准进行操作。

（5）检验结果的分歧性,是指不同的检测人员对同一试件的检测结果可能有分歧。特别是在超声波检验时,同一检验项目要由两个检验人员来完成,需要"会诊"。

6.1　通　径　检　测

通径检测是管道内检测必不可少的步骤之一。

目前,通用的油气管道内检测可分为普通清管、测径清管器检测、通径检测器检测和智能清管器检测四个阶段。普通清管器和测径清管器的结构和作业工艺相对简单,发展也比较成熟。通径检测器和智能清管器技术含量较高,涉及传感、检测、计算机、信号处理与分析等多种技术的融合,是管道内检测最为关键的两个步骤。其中,通径检测器作为管道内检测不可或缺的装备之一,主要完成管道内径、路由等测绘工作,为漏磁检测器等智能检测器进一步检测提供安全保障。

通径检测器的基本结构主要由通径检测臂、检测传感器、里程轮、电子舱、皮碗、防撞头、发射机和骨架等部分组成。通径检测臂和检测传感器组合安装在通径检测器骨架上,根据检测传感器的不同,可以完成管道变形、裂缝、腐蚀等缺陷的检测。里程轮主要负责记录通径检测器的运行速度、里程等信息;电子舱则为传感器提供电压并记录传感器采集的数据;皮碗主要起封隔作用,通过在通径检测器两端建立压差,为通径检测器提供驱动力。通径检测器所用传感器复杂多样,其原理也各不相同。以下结合通径检测器的研究进展,对通径检测器进行分类,并根据类别,对通径检测器原理进行详细的介绍。

总体上,通径检测器经历了两个阶段的发展。20 世纪 90 年代,通径检测器都是接触式,沿设备周向均布的检测臂一端在支撑弹簧的弹力下与管道紧密接触,另一端与积分盘相连,经过管道变形处时,检测臂以根部为中心旋转,将变形信号通过积分盘传递给数据记录舱,并通过走纸方式记录,离线分析时直接在纸上读取数据。随着直线位移传感器的出现,走纸记录的方式被取代,管道变形的信息被转换成电压信号存储。21 世纪初,随着检测传感技术的发展,小尺寸的直线位移传感器和角位移传感器等相继投入使用,不再使用积分盘记录,每个检测臂单独连接一个传感器,极大地提高了检测精度。随后,开始出现了集通径检测和漏磁检测于一体的非接触式通径检测器,采用大容量数据实时采集与存储技术,并通过先进的软件进行数据处理和分析,将通径检测器记录的信息在计算机屏幕上直接还原成管道原样。

非接触式通径检测器与接触式通径检测器各有优缺点。由于使用涡流感应、超声波等技术,非接触式通径检测器除了可以检测管道直径外,还可以检测管道裂纹、金属损伤以及管内外缺陷,精度高、检测效果好。接触式通径检测器的检测能力和精度往往没有非接触的高,其优点是原理简单、成本低。相对于非接触式通径检测器,接触式通径检测器的检测臂直接与管道接触,测量管道直径时,不易受管壁杂质的干扰,数据稳定可靠。

6.1.1　非接触式通径检测器

鉴于非接触式传感器技术的复杂性和检测的不稳定性,目前,管道通径检测使用非接触式检测还比较少。ROSEN 公司在这方面的技术比较成熟,该公司开发的通径检测器在检测器头部按周向均匀装有独立通道的非接触式几何传感器,可以测量传感器表面到管道内壁的距离变化,最后根据变化值还原管道的实际情况。该产品将非接触式距离检测与电子角度检测结合,除了能检测管道直径外,还能检测凹坑、裂纹等管道缺陷,检测精度不受蜡和鳞片的影响,检测范围达管道周向 100%。

6.1.2　接触式通径检测器

接触式通径检测器按检测臂结构不同可以分为轮式通径检测器、杆式通径检测器和探针式通径检测器。

1）轮式通径检测器

该类通径检测器的检测臂上安装可以相对转动的轮子,便于检测臂在管壁上滑动。检测臂数量根据管道尺寸的不同而改变,管道直径越大,通径检测臂越多。这种通径检测器受轮子尺寸的制约,检测分辨率有限,无法实现管道内壁 360°全覆盖测量。而且,这类通径检测器检测的准确性受轮子的干扰,长期运行后,轮子上的橡胶会出现磨损,这种磨损将检测误差传递到检测臂上。轮式通径内检测器如图 6.1 和图 6.2 所示。

2）杆式通径检测器

杆式通径检测器的检测臂上没有轮子,检测臂直接或间接与管道内壁接触。为了避免接触过程中划伤管道或者管道内涂层,一般将检测臂头部的形状处理成光滑曲面。

图 6.1　轮式通径内检测器(部分舱段)

图 6.2　轮式通径内检测器(整体)

　　现有的部分通径检测器上的检测臂则是藏在皮碗下面,避免了与管壁的直接接触,如图 6.3 所示。这类通径检测器在进入管道前经过了严格的校准,保证管道的变形能够准确地传递到检测臂上。也有部分通径检测器上的检测臂没有与管壁直接接触,而是通过在检测臂上安装橡胶垫片的方式来保护管道,如图 6.4 所示。杆式通径检测器的检测精度和轮式通径检测器一样,也会受到皮碗或橡胶垫片的干扰。尽管在进入管道前经过校准,但是,检测器在管道中运行之后的磨损仍然无法准确计算。

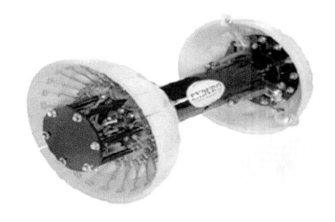

图 6.3　检测臂在皮碗保护下的杆式通径检测器

图 6.4　检测臂上安装了橡胶垫片的杆式通径检测器

3）探针式通径检测器

探针式通径检测器相对于轮式通径检测器和杆式通径检测器来说,具有更高的检测精度和更多的检测功能。因为探针式检测臂结构精细,所以其可以完成管道内壁腐蚀坑、裂纹等管道内部缺陷的检测。这类通径检测器通过轴向布置多个检测臂安装盘,在每个安装盘上安装多个检测臂,每个盘之间错开相应的角度,可以实现周向 360°全覆盖检测,具有较高的检测精度。探针式通径内检测器外形如图 6.5 和图 6.6 所示。

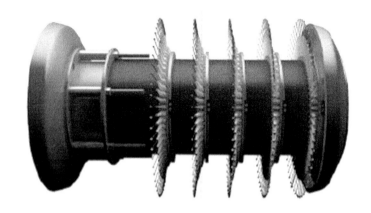

图 6.5　探针式通径内检测器(部分舱段)

图 6.6　探针式通径内检测器(整体)

6.1.3　小结

随着计算机技术和传感检测技术的不断发展,通径检测器也正经历着巨大的变革。多功能化高精度通径检测是通径检测器未来的发展方向。目前,国外的通径检测器配备加速度计、陀螺仪等电子元器件可以完成测径、漏磁检测、管道测绘、GPS 定位等功能,将通径检测与智能检测融为一体,缩短了管道作业时间,节省了大量人力、物力。现有通径检测器存在的主要发展方向如下:

(1)因为传感器采样频率的限制,通径检测器在管道内的速度不能太快,理想速度一般为 3～5m/s。为了保证通径检测器在大口径、高压力管道中平稳运行,目前国内外已经研制出清管器调速系统。然而,如何能够保证经过调速的通径检测器在管道的上升、下降段运行更加平稳的动力学问题需要进一步研究。

（2）通径检测器的检测精度和可靠性是关系到通径检测器性能的最重要指标，如何提高通径检测器的精度和可靠性，避免不必要的对管道的更换，保证完整、有效地收集管道的缺陷数据，还有待进一步研究。

（3）通径检测器技术最为重要的就是数据的处理与分析，如何将正确采集的数据有效还原成管道实际状况，保证对数据的充分利用和合理分析，利用快速有效的算法结合丰富的现场经验对最终的管道数据后期处理有着重要的作用。

6.2　超声波检测

长输管线具有直径固定、弯头较大（3D～5D）、设有清管器发射接收装置和高压油气流可作为驱动力的有利特点，德国、美国、加拿大、俄罗斯等国家在 20 世纪 50 年代就已成功研制出超声无损检测原理机器人（US-pig）定期检验长输管道；自 20 世纪 50 年代，荷兰和英国就已开始大力投入研制海上油田检测机器人。目前，最先进的超声管道检测机器人采用多达 896～1024 个超声探头，一次检测长度可达一千公里。此外，超声检测机器人液注法已用于检测地下和海洋天然气管道。

6.2.1　超声检测的基本原理

超声波是频率高于 20kHz 的机械波。在超声检测中常用的频率为 0.5～10MHz。这种机械波在材料中能以一定的速度和方向传播，遇到声阻抗不同的异质界面（如缺陷或被测物件的底面等）就会产生反射、折射和波形转换，这种现象可被用来进行超声波检测。

进行超声检测时，脉冲振荡器发出的电压加在探头上（用压电陶瓷或石英晶片制成的探测元件），探头发出的超声波脉冲通过声耦合介质（如机油或水等）进入材料并在其中传播，遇到缺陷后，部分反射能量沿原途径返回探头，探头又将其转变为电脉冲，经简单处理后，将信号储存在超声内检测器中。

超声检测技术可以分为压电超声检测技术与电磁超声检测技术。这两种检测技术具有不同的特点，需要根据检测的管道实际情况以及这两种方法的特点，灵活合理地选择不同的技术方法。

压电超声波检测技术原理类似于传统意义上的超声波检测，传感器通过液体耦合与管壁接触，从而测出管道缺陷。超声波检测对裂纹等平面型缺陷最敏感，检测精度很高，是目前发现裂纹最好的检测方法。但由于传感器晶体易脆，传感器元件在运行管道环境中易损坏，且传感器晶体需通过液体与管壁保持连续的耦合，对耦合剂清洁度要求较高，因此仅限于液体输送管道。

此外还有电磁超声检测技术。超声波能在一种弹性导电介质中得到激励，而不需要机械接触或液体耦合。这种技术是利用电磁物理学原理以新的传感器替代了超声波检测技术中的传统压电传感器。当电磁波传感器载管壁上激发出超声波时,波的传播采取已关闭内、外表面作为"波导器"的方式进行,当管壁均匀时,波延管壁传播只会受到衰减作用;当管壁上有异常出现时,在异常边界处的声阻抗的突变产生波的反射、折射和漫反射,接收到的波形就会发生明显的改变。由于基于电磁声波传感器的超生壁检测最重要的特征是不需要液体耦合剂来确保其工作性能。因此该技术提供了输气管道超声波检测的可行性,是替代漏磁通检测的有效方法。

6.2.2　超声检测的特点

超声检测主要具有以下几个特点:

(1) 检测器的直径小,重量较轻,动复员和收发射比较容易;

(2) 检测器很短(长度小于 1m),适合有限的工作空间;

(3) 能够检测金属和非金属管线;

(4) 检测器运行压力小,一般运行压力为 0.2～0.5MPa;

(5) 缺陷定量精确度高,壁厚测量精度可达±0.1mm;

(6) 被检测的管道壁厚没有限制;

(7) 复壁外管对内管检测没有干扰;

(8) 能检测管线机械变形,可以同时提供管线的内径变化尺寸;

(9) 数据分析直观,可现场及时出示结果;

(10) 检测速度低,一般为每分钟 2～5m,需要停产或限制流速。

超声检测有如下局限性。与漏磁检测法相比,超声波检测法更具有精确性和有效性,超声波内检测器正在越来越广泛地用于油气管道检测中,但超声波内检测器也有一定的缺陷。对于目前的超声波内检测器,需要通过液体耦合剂传播超声波,如果需要在天然气管道中进行超声波内检测,只能在天然气管道中添加多个密封清管器,在前后清管器中添加液体,使超声波内检测器在液体的环境下运行,从而完成在天然气管道中的超声波检测。

6.2.3　超声检测的设备

超声波管道内检测器由探头环、超声检测板卡舱、数据采集压缩存储输出计算机舱和天线-电池舱等四节机舱和外标定位仪等构成。

其各部分的原理与功能如下。

1) 探头环和超声检测板卡舱

探头架是检测机的触角,它与被检测管道内壁直接吻合,上面装有超声波探头。这些探头由耐腐蚀的材料制成,并且能够耐高压。检测传感器与被检界面不直接接触,超声波透过液层后经检测物体内外两个表面反射,反射波经超声检测板卡处理,输出检测物体的壁厚数据。

2) 数据采集、压缩、存储计算机舱

该舱是各种数据的融合、数据二次处理系统。超声检测功能机对所检测的数据无实时处理功能,只能将数据进行存储。待检测完整段管线以后,由检测机内取出存储的数据,再对其进行离线的数据处理。

该系统主要完成与下位机的通信和壁厚检测数据的二次处理,并具有把定位数据与壁厚数据进行同步采集、经统一编码后存储等功能。

3) 天线-电池舱

该舱组成里程轮定位技术系统并为超声检测功能机的整个系统提供动力。

固定于天线-电池舱上的里程轮在一定机械压力下紧贴管内壁,里程轮依靠与管壁间摩擦力随超声内检测器的行进方向进行旋转,并将里程信息传送给数据采集处理系统计数存储。

4) 外标志定位仪

安装在端部的天线与超低频信号发射器和接收器共同组成外标志定位技术系统,并构成埋地管内检测器与地面信息的联络系统。

采用超低频信号发射与接收传感技术实现埋地管内与地面的信息联络,消除里程轮定位计数累积误差和确认到达与通过示标位置的时间,减小位置系统误差,提高定位精度。

超声内检测器如图 6.7 所示。

图 6.7　超声内检测器

6.2.4　小结

超声内检测器目前主要的技术进展如下：

1）超声波内检测器的通过性能

随着管道运营商对管道要求标准的日益提高，管道内检测公司必须不断发展以满足管道运营商的要求，例如，旧款的超声波裂纹和壁厚内检测器只能通过 3D 的弯头，随着科技的进步和发展，现在标准的超声波内测器可以顺利通过 1.5D 的弯头。

2）高含蜡原油管道环境

超声波内检测器在高含蜡原油管道中的检测过程中，会被覆盖大量的蜡，这样会阻碍探头发射超声波，导致超声波内检测器很难取得有效数据甚至不能取得数据，并且大量的蜡覆盖在超声波内检测器上有导致检测器在管道内卡管的风险。

现阶段最新发展的超声波内检测器可以通过特殊的配置，如特殊探头模块设计、涂层和旁通系统使超声波内检测器可以在高含蜡原油管道中获得有效数据。

3）多尺寸超声波检测器

在部分管道中存在多管径现象，这种情况不适宜使用单一管径的内检测器，最新的超声波内检测器可以提供适应多种管径的检测器，同时还可根据管道的具体情况定制特殊管径的超声波内检测器。另外，对于海洋管道尤其是海洋立管，多数只有一处进出口，即发射球筒和接收球筒为一个装置，在这种情况下，现在可以提供双向运行的超声波内检测器进行检测。

6.3　漏　磁　检　测

漏磁检测是指铁磁材料被磁化后，因试件表面或近表面的缺陷而在其表面形成漏磁场，人们可以通过检测漏磁场的变化进而发现缺陷。

漏磁场就是当材料存在切割磁力线的缺陷时，材料表面的缺陷或组织状态变化会使磁导率发生变化。缺陷的磁导率很小，磁阻很大，使磁路中的磁通发生畸变，磁感应线流向会发生变化。除了部分磁通会直接通过缺陷或材料内部来绕过缺陷，还有部分磁通会泄漏到材料表面上空，通过空气绕过缺陷再进入材料，于是在材料表面形成了漏磁场。

漏磁检测（magnetic fluxleakage testing，MFT）是十分重要的管道内检测方法，在管道检测中的应用十分广泛。随着技术的进步，人们越来越注重检测过程的自动化。这不仅可以降低检测工作的劳动强度，还可提高检测结果的可靠性，减少人为因素的影响。

漏磁检测有多种方式，按照磁化所用的激励电流又可分为直流漏磁检测、交流漏磁检测、多频漏磁检测和脉冲漏磁检测,如图 6.8 所示。

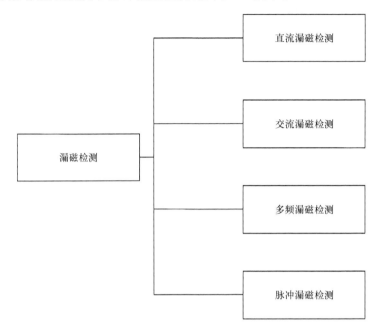

图 6.8　漏磁检测的分类

不同的漏磁检测具有不同的特点,如表 6.1 所示。

表 6.1　不同漏磁检测的特点

检测方法	工作频段/Hz	激励场与试件轴线方向关系	工作区域	激励强度	检测方式
交/直流漏磁检测	$0 \sim 10^5$	平行	大面域	大	点磁感应强度
多频漏磁检测	$5 \sim 5 \times 10^4$	平行	小面域	中	点磁感应强度
脉冲漏磁检测	$1 \sim 400$	平行	大面域	中	点磁感应强度

6.3.1　漏磁检测的基本原理

在漏磁通检测中,铁磁材料的磁化状态对缺陷检测灵敏度有很大的影响。为检测表面缺陷,一般将铁磁材料磁化到临近饱和状态。判断铁磁材料是否达到该状态,通常依据铁磁材料无缺陷时,反映铁磁材料内禀磁性质的初始磁化曲线。当铁磁材料中存在缺陷时,其在一定外磁场下的磁化状态受缺陷尺寸影响,铁磁材料内部磁化强度分布不均匀。依据初始磁化曲线,要使铁磁材料达到临近磁饱和状态,一般要求磁化装置具有很强的磁化能力,磁化装置体积、质量较大,不利于管道等的在役检测。在实际检测中,重要的是检测到有危害性的较深缺陷,而对较深缺陷的检测,铁磁材料不必达到均匀的临近饱和磁化状态,可获得较高的检测灵敏度,对磁化装置的磁化能力要求可降低,减小磁化装置的体积和重量,有利于磁化装置运动而工件固定的检测场合。研究含缺陷的铁磁材料中的磁化状态与铁磁材料的内禀磁性质及缺陷的关系,有助于确定实际检测中所需的磁化场强度。

将被测铁磁材料磁化后,若材料内部材质连续、均匀,材料中的磁感应线会被约束在材料中,磁通平行于材料表面,被检材料表面几乎没有磁场;如果被磁化材料有缺陷,其磁导率很小、磁阻很大,使磁路中的磁通发生畸变,其感应线会发生变化,部分磁通直接通过缺陷或从材料内部绕过缺陷,还有部分磁通泄漏到材料表面的空间中,从而在材料表面缺陷处形成漏磁场。利用磁感应传感器(如霍尔传感器)获取漏磁场信号,然后送入计算机进行信号处理,对漏磁场磁通密度分量进行分析能进一步了解相应的缺陷特征,如宽度、深度。

漏磁检测的原理如图 6.9 所示。

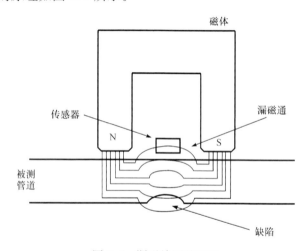

图 6.9　漏磁检测的原理

6.3.2　漏磁检测的特点

漏磁检测是用磁传感器检测缺陷,主要有以下几个特点:

(1) 检测器运行压力大,一般运行压力为 2.0~15.0MPa;

(2) 检测速度高,一般为 5~15km/h;

(3) 能检测出管道的特征和内外壁腐蚀,内壁缺陷的检测灵敏度要高于外壁缺陷;

(4) 缺陷定量精确度一般为基准壁厚的±10%;

(5) 可以检测干性天然气管道;

(6) 检测器需要和内壁近接触,不能穿透厚涂层或内衬;

（7）被检测的管道壁厚有一定的限制；

（8）检测速度出现变化，数据需要修正；

（9）容易实现自动化，由传感器接收信号，软件判断有无缺陷，适合于组成自动检测系统；

（10）有较高的可靠性，从传感器到计算机处理，降低了人为因素影响引起的误差，具有较高的检测可靠性；

（11）可以实现缺陷的初步量化，这个量化不仅可实现缺陷的有无判断，还可以对缺陷的危害程度进行初步评估；

（12）因其易于自动化，可获得很高的检测效率且无污染。

漏磁检测技术也不是万能的，其有如下局限性：

（1）只适用于铁磁材料，因为漏磁检测的第一步就是磁化，非铁磁材料的磁导率接近1，缺陷周围的磁场不会因为磁导率不同出现分布变化，不会产生漏磁场；

（2）严格上说，漏磁检测不能检测铁磁材料内部的缺陷，若缺陷离表面距离很大，缺陷周围的磁场畸变主要出现在缺陷周围，而工件表面可能不会出现漏磁场；

（3）漏磁检测不适用于检测表面有涂层或覆盖层的试件；

（4）漏磁检测不适用于形状复杂的试件，磁漏检测采用传感器采集漏磁通信号，试件形状稍复杂就不利于检测；

（5）磁漏检测不适合检测开裂很窄的裂纹，尤其是闭合性裂纹。

6.3.3 漏磁检测的要素

1. 检测设备

漏磁检测所用的设备为管道漏磁检测器。

漏磁检测器为了能够通过管道弯头，一般都采用节状结构，节与节之间采用万向节连接。在动力节上安装着比管道内径稍大的橡皮碗，由它阻塞介质流动产生推力，进而带动整个装置前进。在测量节，沿着管壁周向排列数十乃至上百个磁敏探头，每个探头内包含几个检测不同方向漏磁场的检测通道。探头排列越紧密，对缺陷处漏磁场的记录就越完整。

当漏磁检测器工作时，行走轮由于在管壁上摩擦转动而产生触发信号。每收到一个触发信号，系统就依次记录各通道的数据。如果按数据块的方式组织数据，把每次触发信号下各通道的值作为数据块的一列，把每通道各次采集的数据作为数据块的各行。由于漏磁场具有一定的空间分布，在缺陷处相邻通道的数据和每通道相邻数据间存在较强的空间相关性，这种相关性与图像像素间的空间相关性非常相似。因此，可以把这种漏磁数据块作为反映漏磁场分布的图像，采用图像压缩的方法实现对漏磁监测数据的压缩。管道漏磁内检测器如图6.10和图6.11所示。

图 6.10　管道漏磁内检测器

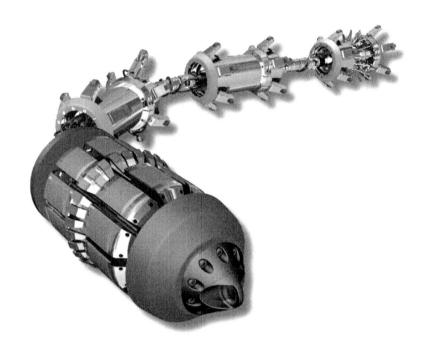

图 6.11　RUSSELL 公司的漏磁内检测器

2. 磁化技术

缺陷要产生漏磁通,首先要磁化试件。在实际的检测过程中,漏磁场检测也大都采用了和磁粉检测相同的磁化技术;此外,由于漏磁场检测是用检测器件检测漏磁场,相应的磁化方法又有其特点。试件被磁化,从磁化的范围分可分为局部磁化和整体磁化;从磁化所用的激励电流分又可分为直流磁化、交流磁化、多频磁化和脉冲磁化。其中应用最广泛的是直流磁化与交流磁化。

1) 局部磁化和整体磁化

在漏磁场检测过程的某一瞬间,传感器只是检测其有效的检测区域内有无漏磁通,因此,从理论上讲,只要磁化传感器检测有效区大小的面积就够了。在实际的检测过程中,既有局部磁化,又有整体磁化。整体磁化的优点在于磁化较为均匀,缺点是磁化设备庞大、大的能源消耗,从而使得检测成本提高。相反,局部磁化相对较难获得均匀磁化,却大大简化了磁化设备,节省能源,使检测成本降低。

2) 交/直流磁化

磁粉检测中有关交/直流磁化的比较一致的观点是对于表面缺陷,交流磁化比直流磁化灵敏度高,原因如下:

(1) 交流磁化的集肤效应;

(2) 交流磁化产生振动有利于磁粉移动。

这里的交流磁化一般是指工频,即 50Hz。但是,对于漏磁场检测,交流磁化的频率不再局限于 50Hz,因为检测到的漏磁场信号是被磁化场载波的,从检测信号的处理角度,载波频率要远大于被载信号频率。为了更完整地得到缺陷的信息,充分利用交流磁化的集肤效应,交流磁化的频率一般为几千赫兹。

在漏磁场检测中,普遍接受的观点如下:

(1) 直流磁化的优点。

① 可以检测出深达几至十几毫米(表层下)的缺陷;

② 缺陷信号幅度与缺陷在表面下的埋藏深度呈比例关系;

③ 在管材的检测中,采用直流磁化可直接检测管子的内外壁缺陷。

(2) 直流磁化的缺点。

① 要达到较大的磁化强度,相对较难;

② 需要退磁。

(3) 交流磁化的优点。

① 可以用来检测表面较为粗糙的试件;

② 信号的幅度与缺陷的深度之间比直流磁化有更好的相关关系;

③ 应用集肤效应适合于对试件进行局部磁化,因而可用于检测较大的工件。

(4) 交流磁化的缺点。

① 不适用于检测表面以下的缺陷;

② 对于管材检测来说,在管外壁磁化时不能同时检测管壁内缺陷。

磁化方式按照不同励磁磁源分为以下几种:

(1) 交流磁化方式;

(2) 直流磁化方式;

(3) 永磁磁化方式;

(4) 复合磁化方式;

(5) 综合磁化方式。

3. 检测方法

管道漏磁检测器在压力流体的推动下以 1～5m/s 的速度通过管道。检测器的磁体足够强以致能够完全磁化管道壁。在缺陷区域磁场会发生扭曲变形,磁场变化被检测元件捕获后,检测器把数据传送到管道漏磁检测器内部的记录部分,最后从记录部分下载数据进行分析来检测各种损伤。检测器能够通过检测剩磁或者利用其他传感器来区别内部和外部缺陷。

6.3.4　小结

随着现代科学、社会的进步,漏磁检测技术有着越来越大的发展和应用空间。尤其是处于飞速发展的我国工业应用领域,市场需求的进一步扩大和全民安全意识的提高,给漏磁检测技术的发展及无损检测工作者提供了一次难得的机遇和挑战。

目前,漏磁检测技术理论需要进一步研究开展的工作有:漏磁场信号与缺陷特征之间的对应关系,不同类型的缺陷漏磁场理论模型,复合材料的漏磁场形成机理研究等。

随着现代各领域技术的相互交叉融入,各种技术相互促进发展,漏磁检测技术的应用研究也必将朝着更趋于成熟、完善的方向发展。其发展趋势有以下几个方面:①更高的处理速度;②高性能传感器及智能传感器;③传感器的智能化、小型化;④专家系统的融入;⑤多信息融合技术;⑥高可靠性和稳定性;⑦界面更为友好直观;⑧操作更为简易、快捷;⑨在线、离线检测的机电一体化;⑩网络技术的融入;⑪在役设备检测信息管理跟踪分析的研究。

6.4　涡　流　检　测

涡流检测(eddy current testing,ET)是工业上无损检测的方法之一。给一个线圈通入交流电,在一定条件下通过的电流是不变的。如果把线圈靠近被测工件,像船在水中那样,工件内会感应出涡流,受涡流影响,线圈电流会发生变化。由于涡流的大小随工件内有无缺陷而不同,所以线圈电流变化的大小能反映有无缺陷。

涡流检测具有多种形式,可以按照图6.12进行分类。

(1)单频涡流检测、多频涡流检测、脉冲涡流检测采取激励线圈和检测线圈的轴线方向相平行的方式。磁化场的方向垂直于被测构件表面,磁化场通过空气进入构件中和传出到检测线圈中。它的作用范围有限、区域小,对应于涡流点探头和马鞍、穿过式探头,作用的磁场可以称为点域或线域磁场。

(2)交变磁场测量法的激励线圈轴线与试件表面平行,检测线圈在激励线圈的正下方,当被测工件表面无缺陷时,由交变激励电流感应出的电流在试件表面彼此平行且近似匀强,从而产生近似匀强的交变电磁场;当有缺陷时,电流线会向裂纹两端和底面偏转,电流密度下降,进而导致被测试件表面附近的磁场发生畸变。

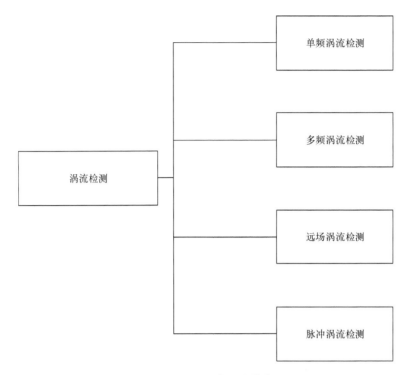

图 6.12　涡流检测的分类

因而,交变磁场测量法的工作场是被测件中的交流电场。

(3) 漏磁检测的磁场方向平行于被测构件表面,被测件磁化由直流磁场或交流磁场完成,检测的是外泄到被测体之外的漏磁场。在交流漏磁检测中,试件中虽然存在涡流现象,但不起主导检测作用,起主要作用的是强的磁场。为了在构件中得到较均匀的磁化区域,磁场作用的区域范围必须相对较大,这样有利于避开磁场交界部位的波动区域。

(4) 远场涡流是一种独特的低频涡流检测。对于管道检测,采用内穿过式激励线圈,产生平行于管轴线的交流磁场,在管中产生沿管周回转的涡流场,涡流场产生平行于管轴线的磁力线向管外移动,在远场区折回并进入管内。激励线圈感应的磁力线一出一入两次穿越管壁,每次均有幅值衰减、相位滞后的现象,近场区变化剧烈,远场区磁场分布比较规则。正是远场涡流引起的第二种能量传递方式,才使在距离激励线圈较远处的区域能获取含有缺陷信息的磁场信号。远场涡流工作的场有电场和磁场,但最终以磁场为主,工作场的范围大于其他涡流检测、小于漏磁检测。

不同的涡流检测具有不同的特点,如表 6.2 所示。

表 6.2　不同涡流检测的特点

检测方法	工作频段/Hz	激励场与试件轴线方向关系	工作区域	激励强度	检测方式
单频涡流	$1\sim 4\times 10^4$	垂直	点域、线域	小	线圈、磁通量变化
多频涡流	$100\sim 10^6$	垂直	点域、线域	小	线圈、磁通量变化
脉冲涡流	$20\sim 400$	垂直	点域、线域	中	线圈、磁通量变化
远场涡流	$50\sim 500$	平行	中面域	中	线圈、磁通量变化

6.4.1　涡流检测的基本原理

　　将通有交流电的线圈置于待测的金属板上或套在待测的金属管外。这时,线圈内及其附近将产生交变磁场,使试件中产生呈旋涡状的感应交变电流,称为涡流。涡流的分布和大小,除与线圈的形状和尺寸、交流电流的大小和频率等有关外,还取决于试件的电导率、磁导率、形状和尺寸、与线圈的距离以及表面有无裂纹缺陷等。因而,在保持其他因素相对不变的条件下,用一探测线圈测量涡流所引起的磁场变化,可推知管道中涡流的大小和相位变化,进而获得有关电导率、缺陷、材质状况和其他物理量(如形状、尺寸等)的变化或缺陷存在等信息。但由于涡流是交变电流,具有集肤效应,所检测到的信息仅能反映试件表面或近表面处的情况。

6.4.2　涡流检测的特点

　　(1) 由于涡流检测不需要接触,也不需要耦合介质,所以检测速度高,易于实现自动化检测,特别适合在线普检。

　　(2) 对于表面缺陷的探测灵敏度很高,且在一定范围内具有良好的线性指示,可对大小不同的缺陷进行评价,所以可以用作质量管理与控制。

　　(3) 影响涡流的因素很多,如裂纹、材质、尺寸、形状及电导率和磁导率等。采用特定 PI 电路进行处理,可筛选出某一因素而抑制其他因素,由此有可能对上述某单独影响因素进行有效的检测。

　　(4) 由于检查时不需要接触工件又不用耦合介质,所以可进行高温下的检测。由于探头可伸入远处作业,所以可对工件的狭窄区域及深孔壁(包括管壁)等进行检测。

　　(5) 由于采用电信号显示,所以可存储、再现及进行数据比较和处理。

　　(6) 涡流检测的对象必须是导电材料,且由于电磁感应的原因,只适用于检测金属表面缺陷,不适用检测金属材料深层的内部缺陷。

　　(7) 金属表面感应的涡流的渗透深度随频率而异,激励频率高时金属表面涡流密度大。随着激励频率的降低,涡流渗透深度增加,但表面涡流密度下降,所以探伤深度与表面探伤检测灵敏度是相互矛盾的,很难两全。当对一种材料进行涡流探伤时,必须要根据材质、表面状态、检测标准进行综合考虑,然后确定无损检测方案与技术参数。

(8) 采用穿过式线圈进行涡流探伤时,线圈覆盖的是管、棒或线材上一段长度的圆周,获得的信息是整个圆环上影响因素的累积结果,对缺陷所处圆周上的具体位置无法判定。

(9) 旋转探头式涡流探伤方法可准确探出缺陷位置,灵敏度和分辨率也很高,但检测区域狭小,在检验材料需进行全面扫查时,检验速度较慢。

(10) 涡流探伤至今还是处于当量比较检测阶段,对缺陷做出准确的定性定量判断尚待开发。

6.4.3　涡流检测的要素

1. 检测设备

涡流内检测主要采用涡流内检测器,如图 6.13 所示。内置式探头置于被检测钢管内,探头上有一个激励线圈,还有一个(或两个)检测线圈。激励线圈和检测线圈的距离为钢管内径的 2～3 倍。激励线圈发出的磁力线(能量)穿过管壁向外扩散,在远场区又再次穿过有表面缺陷的管壁向内扩散,被检测线圈接收。检测线圈接收到的信号的幅度和相位都与壁厚有关,利用专用的软件就可测得管壁的厚度。

图 6.13　涡流内检测器

由图 6.14 可看出,在激励线圈和检测线圈之间存在三个区:直接耦合区、过渡区和远场区。图 6.14 是钢管的外壁和内壁的远场涡流场的幅度与两线圈的间距(为钢管内径的倍数)的分布曲线。从图中可看出:外壁的幅度大于内壁的幅度;当间距等于、大于 2 倍的钢管内径后,外壁和内壁的幅度与间距成正比,而且当间距为 2～3 倍的钢管内径时(远场区),外壁和内壁的幅度较大,因此,激励线圈和检测线圈的距离取 2～3 倍钢管的内径。

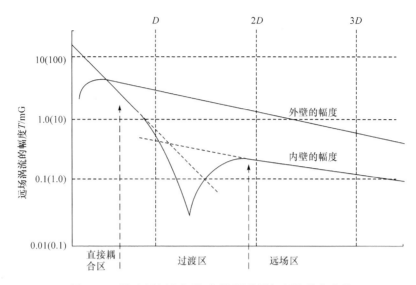

图 6.14　涡流场幅度与激励/检测线圈间距的分布曲线

2. 检测方法

涡流检测方法是涡流式检测器的两个初级线圈内通以微弱电流,使钢管表面因电磁感应而产生涡流,用次级线圈进行检测。若管壁没有缺陷,每个初级线圈上的磁通量均与次级线圈上的磁通量相等,由于反向连接,次级线圈上不产生电压。有缺陷时,磁通发生紊乱,磁力线扭曲,使次级线圈的磁通失去平衡而产生电压。通过对该电压的分析,检测出腐蚀情况。

6.4.4　小结

涡流检测技术目前的研发与设计方向如下:

(1) 接收线圈信号幅值太低,通常为微伏或数十微伏数量级,信号的分辨和处理很困难。如何利用三维涡流场有限元法分析远场涡流现象和设计制造高灵敏度、高抗干扰能力、高信噪比的新型涡流探头,以及研制造价不太昂贵的涡流检测系统,是涡流技术应用于实际的最重要研究课题。

(2) 探头是涡流检测系统的重要组成部分,使用饱和磁技术,可以提高扫描速度和工作频率;应用平衡技术可以抑制或消除某些噪声因素对缺陷信号的干扰。此外,需要从探头的结构及其他途径分析探头的缺损响应特性,如利用多频激励的方法来解决,但多频涡流是否具有常规涡流检测的优点、可行性如何,需要进一步研究。

（3）接收线圈只能反映圆周缺损变化的平均值，一般多用于直径较小的管子。对于直径较大的管子，由于管内空间大，必须设置三维探头，采用圆周分布的一组接收线圈，直接敏感三维缺损，才能改善缺损特征的表达效果。

（4）远场涡流检测技术对管内壁和管外壁缺陷具有相同的灵敏度，但缺陷的位置是在内壁还是在外壁，目前的技术尚无法回答。如何在管道检测中实现自动化，也是目前远场涡流检测技术研究的一项迫切任务。

6.5　本 章 小 结

本章详细阐述了应用于管道内检测的检测手段、检测原理以及检测所应用的设备，并介绍了几种检测方法的技术进展及发展方向。其中，通径检测是管道内检测必不可少的阶段；超声波检测、漏磁检测和涡流检测是目前管道内检测的主要手段。根据不同类型内检测的特点，结合管道情况和实际需要，合理地选择检测的类型。

第7章　清管器的分类

7.1　通管道球的目的

海底管道通球主要有以下五个目的。

（1）内腐蚀控制。①可以清除管道中引起腐蚀的碎屑；②可以提高防腐剂、抑制剂的效果；③可以排除管道低注处可能引起腐蚀的积液。

（2）清除管道中的碎屑、杂质等以提高管道输送效率。管道中碎屑、杂质的积累会降低管道的输送效率，通过管道通球操作，除去管道中的碎屑、杂质，可以提高管道的输送效率。管道中的碎屑主要有五类：砂、腐蚀产物、软泥、蜡、垢。五种的碎屑、杂质在管道中可能出现的情况如表7.1所示。

表 7.1　碎屑在管道中可能出现的情况

管道类型	砂	腐蚀产物	软泥	蜡	垢
多相气管道	可能有	可能有	无	无	无
分离后的湿气管道	可能有	可能有	无	无	无
干气管道	无	无	可能有	无	无
多相油管道	可能有	可能有	无	可能有	可能有
分离后的油管道	可能有	可能有	无	可能有	可能有
凝析油管道	可能有	可能有	无	无	无
化学药剂注入管道	无	无	无	无	无
注水管道	无	可能有	无	无	可能有
气体排空管道	无	可能有	可能有	无	无
干油管道	无	可能有	无	无	无

（3）气管道的积液排除。管道通球也通常用于湿气管道的积液量控制。可能产生大量积液的气体管道通常在接收端设有段塞流补集器。通常情况下，管道中的积液运移的速度远低于气体的流动速度，并且积液的总量会不断增加，一旦积液的总量达到一定的值，积液就会从管道中流出，进入段塞流补集器，通常这种状态能达到一种动态平衡。给管道进行定期的通球，可以确保管道中的积液总量保持在较低的状态，即使出现管道中流速增大的情况，也不会出现排出的积液超过段塞流补集器补集能力的情况。

（4）管道的清管通球为管道的内检测通球做准备。

（5）管道内检测通球，进行管道几何测径、腐蚀检测、裂纹检测及防腐层剥离检测等检测工作。

7.2　一般清管器

清管器是一种能够在管道内部移动，用于清理残渣、确定管道尺寸、检测的设备。

清管器的工作原理是在作业的管道中，按作业的要求置入相应系列的清管器。清管器的密封外沿与管道内壁弹性密封，管输介质产生的压差为动力，推动清管器沿管道运行。依靠清管器自身或其所带机具、设备所具有的刮削、冲刷作用来清除管道内的杂屑或进行相应的检测工作。

清管器通常一般分为两大类：①第一类是用于投产前或是路由通球的一般清管器；②第二类是用于检测管道金属损失、管道几何形状和腐蚀的管道内检测器。

一般清管器通常分为以下四种：

（1）泡沫式清管器（foam pigs）；

（2）机械式清管器（mandrel pigs）；

（3）一体式清管器（solid cast pigs）；

（4）球形式清管器（spheres）。

7.2.1　泡沫式清管器

泡沫式清管器是用开口聚氨酯泡沫制造的。这种泡沫一般有三种密度：轻密度（32kg/m³）、中密度（80～128kg/m³）、高密度（144～160kg/m³）。泡沫式清管器一般是子弹形状，但底部可以是凹陷的或平整的，球的表面可以只是基础泡沫，也可以涂装上一层耐磨的聚氨酯材料，这类有涂层的泡沫式清管器，有一层螺旋的聚氨酯涂层、各种刷子或金刚砂涂层。泡沫式清管器的标准长度是管道直径的两倍。泡沫式清管器具有高压缩率、良好的扩展性、轻质量和柔性，能够通过多管径、小于90°的弯头、至少 65％开度的阀门等复杂情况的管道，但泡沫式清管器属于一次性消耗产品，耐磨性能差、清除管壁残渣能力较差。泡沫式清管器外形如图 7.1 所示。

7.2.2　机械式清管器

机械式清管器有一个金属主体（铁或铝）和用于驱使球在管道运动的隔离密封装置（杯片或直板）。为了更好地清理残渣，机械式清管器一般装备一圈钢刷或者刮刀。

图 7.1　泡沫式清管器

机械式清管器上的隔离密封装置可以用来清理管道也可以用来隔离不同的流体,这些装置可以更换反复使用。机械式清管器设计用于长输管道的清理,球的前部有一个旁通洞用于控制球的速度或者作为一个喷射口使残渣始终悬浮在球的前方。

机械式清管器按照功能分可以分为清管球、隔离球、置换球、轮廓球、测径球、多直径球、定位球、特殊球。

1) 清管球(cleaning pigs)

清管球用于清除管道内固体和积累的残渣。14 寸和更小尺寸的清管球通常使用金属丝轮刷,这种刷很容易更换;大于 14 寸的清管球使用特殊刷或者补偿刷。

这些刷可以根据需要单独地被更换到相应的弹簧片、支撑片上,这些弹簧使刷子与管壁紧密接触,同时在内径较小的地方进行缩小。

标准的刷子是用粗碳钢的钢丝制作,对于有内涂层的管道,这种材料是一种很好的选择。而对于一些特殊的管道,不锈钢的刷子也可使用。

对于如蜡、泥浆等软的沉积物的清除,(氨基甲酸酯)刮刀是一个好的选择。

对于隔离密封装置要么是弹性材料的杯片,要么是直板式的,用来清除残渣和隔离密封流体。杯片通常是按同心圆锥设计的,特殊形状的杯片一般是用于一些特殊的应用。正常情况下,杯片和直板的材料都是用耐磨和抗拉扯的聚氨酯制作,但只能在适应的温度下使用,而尼龙、腈、EPDM 和氟化橡胶材料的隔离密封装置能够适用更高的温度。

清管球外形如图 7.2 所示。

图 7.2　清管球

2）隔离球（batching pigs）

隔离球的主要作用是在混输管道中隔离不同类型的流体如热油和气。隔离球与一般的清管球相比增加了隔离杯片或直板。

3）置换球（displacement pigs）

置换球用于将一种流体置换成其他流体，它们可以设计成双向也可以是单向，一般用于管线的水压试验、管线的填充和排空。

4）测径球（guaging pigs）

测径球在管道建造完成后或清管前用来确定管道中是否有任何障碍，通过测量管线的最小内径或管线的椭圆度确认管线的状况是否在清管的可接受范围内。低碳钢或铝制造的测径板安装在球的前部或后部，可以开槽也可以是实心的。板的外径通常是管道内径的 90%～95%。

置换球外形如图 7.3 所示。

图 7.3　置换球

5) 轮廓球(profile pigs)

轮廓球是一个安装多个测径板的测径球,通常是三个测径板,一个是装备在球的前面,一个在中部,一个在球的后部。正常情况下是用于 ILI(in line inspection)之前,用来确定内检测球在管线和弯头的通过情况。

6) 多直径球(dual diameter pigs)

多直径球用于有多种管径的管道,它们通过装备多种直板或杯片,小的实心直板或杯片用于小管径的管道,大的开槽直板或杯片用于大管径的管道,同时可以装备钢丝刷。

7) 定位球(transmitter pigs)

如果球被卡在管道中,为了确定卡球的位置,装备发射机的定位球就用于这种情况。定位球中的发射机会发出信号,潜水员可以使用接收装置来确定球的位置,这种发射机也可以装备在泡沫式清管器、一体式清管器中。

定位球外形如图 7.4 所示。

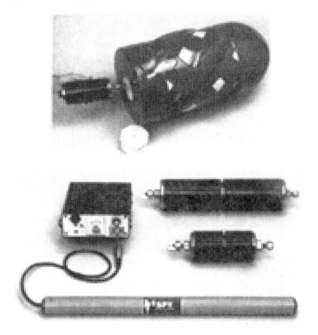

图 7.4　定位球

8) 特殊球(specialty pigs)

许多复杂的情况需要使用特殊的球,如带针轮的球用来清除积蜡和积垢,带磁力的球用来吸附管线中含铁的残渣。

特殊球外形如图 7.5 所示。

图 7.5　特殊球

7.2.3　一体式清管器

　　一体式清管器可以有多种设计,也可以由多种材料制作,通常用的是聚氨酯材料,而尼龙、腈、氟化橡胶和其他耐磨材料多应用在小管径的管道。一体式清管器虽然也可以装备刷子达到清理的目的,但一体式清管器的主要目的还是用于密封隔离。一体式清管器可以设计成杯片式,也可以是直板式,还可以是两种的组合。

　　一体式清管器对于湿气管道中的液体、凝析油、水有极高的清除率,也能很好地控制原油管道中的蜡积累。

　　一体式清管器外形如图 7.6 所示。

图 7.6　一体式清管器

7.2.4　球形式清管器

　　球形式清管器用于密封隔离已经使用多年,现在有四种基本的类型:可填充的、实心的、泡沫的、可溶的。可溶的球形式清管器通常使用在原油管道中包含微晶质蜡和非晶型聚合物的管道。虽然这个球在几个小时后会溶解,溶解的速度取决于流体的温度、流体的速度、摩擦系数、原油的吸收能力。如果管道没有清管通球,通一个可溶式清管器是一个很好的选择。

　　球形式清管器外形如图7.7所示。

图 7.7　球形式清管器

　　可填充的球形式清管器依赖各种应用,用各种弹性材料(聚氨酯、尼龙、腈、氟化橡胶)制作,球的中部有一个填充阀门,用于填充水或者酒和水的混合物(不能填充空气),填充到要求的尺寸。

　　根据项目的需要和材料的要求,球形式清管器可以填充超过管道内径的1%~2%,但这个球应用到管道中,它的尺寸会变化。对于小尺寸的球形式清管器会被制造成实心的,是不能被填充的也不能变形。

　　球形式清管器也可以用开口聚氨酯泡沫制作,表面上可以涂装一层耐磨的聚氨酯材料,为了达到更好的清理效果还可以在表面上装上钢丝刷。

　　球形式清管器很容易运输,能通过不规则的转向和弯头,它们比其他类型的球更能适应小支线到大主线这种管道。球形式清管器多用于从湿气系统移除液体、隔离不同的流体、水压试验等。

7.3　管道内检测器

管道内检测器主要是指通过超声、漏磁、涡流等无损检测原理对管道的几何形状、金属损失、裂纹进行检测的一种器具。

涡流检测器在一对线圈通以电流,使管道内壁因电磁感应产生涡流,再对安放在一次线圈之间的二次线圈进行检测,以检测管壁的缺陷情况。

该技术用于检测管壁内表面的裂纹、腐蚀减薄和点腐蚀等,是目前应用较广泛的管道无损检测技术,分为常规、透射式和远场涡流检测。常规涡流检测受到集肤效应的影响,只适用于检测管道表面或近表面缺陷,而透射式涡流检测和远场涡流检测则克服了该缺点,对管壁内外具有同样的检测灵敏度。其中,远场涡流法具有便于自动化检测、检测速度快、适合表面检测、适用范围广、安全方便以及消耗的物品最少等特点。

涡流检测法虽然可适用于多种黑色金属和有色金属,但是涡流对于铁磁材料的穿透力很弱,只能用来检查表面腐蚀,而且如果在金属表面的腐蚀产物中有磁性垢层或存在磁性氧化物,就可能给测量结果带来难以避免的误差。另外,由于涡流法的检测结果与被测金属的电导率有密切的关系,为了提高测量精度还要求被测体系最好保持恒温。

漏磁通(MFL)技术是一种对铁磁材料损伤进行综合性检测与分析的手段,利用该技术对石油、天然气和其他管道内部进行检测是近年来的先进技术,它以管道输送介质为动力,在管道穿孔前确定或描述内因、外腐蚀引起的壁厚变化情况,同时也能检测出管壁的凹痕、皱褶等腐蚀缺陷。

漏磁法检测的基本原理建立在铁磁材料的高磁导率这一特性之上。其检测的基本原理是钢管中因腐蚀产生缺陷处的磁导率远小于钢管的磁导率,钢管在外加磁场作用下被磁化,当钢管中无缺陷时,磁力线绝大部分通过钢管,此时磁力线均匀分布,当钢管内部有缺陷时,磁力线发生弯曲,并且有一部分磁力线泄漏出钢管表面。

漏磁检测的原理如图 7.8 所示。

漏磁场被位于两磁极之间的、紧贴管壁的探头检测到,并产生相应的感应信号,这些信号经滤波、放大、模数转换等处理后被记录到存储器中,再分析数据曲线的幅值、斜率、周期等信息就可以确定管线的腐蚀程度、缺陷的类型和大小。

超声检测法主要是利用超声波的脉冲发射原理来测量管壁受蚀后的厚度,检测时将探头垂直向管道内壁发射超声脉冲基波,探头首先接收到由管壁内表面发射的脉冲,然后超声探头又会接收到由管壁外表面发射的脉冲,前后两次之间的间距反映了管壁的厚度,若管壁受蚀,间距将减小。这种检测方法是管道腐蚀缺陷深

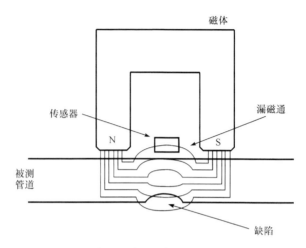

图 7.8　漏磁检测的原理

度和位置的直接检测方法,检测原理简单,对管道材料的敏感性小,检测时不受管道材料杂质的影响,能够实现对厚壁大于管径的管道进行精确检测,使被测管道不受壁厚的限制。此外,超声法的检测数据简单准确,且不需要校验,检测数据非常适合管道最大允许输送压力的计算,为检测后确定管道的使用期限和维修方案提供了极大的方便,并能够检测出管道的应力腐蚀开裂和管壁内的缺陷。超声检测的不足之处就是超声波在空气中衰减很快,检测时一般需要声波的传播介质,如油和水等。

内检测器按功能分为以下几种:

(1) 几何学检测;

(2) 金属损失检测;

(3) 裂纹和涂层剥离检测。

7.3.1　几何学检测器

几何学检测是对管道内部几何形态进行的检测。海底管道几何学检测器一般采用电子几何学检测技术,利用多通道涡流技术对管道内部几何形态进行检测,可检测出对管道有效内径有影响的几何异常情况,包括凹坑、椭圆度、内径的几何变化等,通过几何学检测,可以对海底管道的工程建设质量进行检查,定位隐藏的第三方损伤,并证实内检测器具是否可以安全通过。

几何学检测器包括低精度和高精度两种,两种都是通过非接触式几何学传感器和多通道涡流技术对管道的几何形状进行检测。不过高精度的精度更高,能从形状、轮廓、角度方面更加细致地探测。关于几何学检测器的精度可以参见表 7.2。

表 7.2　几何学检测器精度

特　征		低精度		高精度	
		精度	检测门限	精度	检测门限
内径改变		1.5mm	1.5mm	1mm	1mm
椭圆度	椭圆度	±2%椭圆度	2%椭圆度	1%	1.0%
	长度	内径的 10%		15.2mm	
	方位	22°		±12°	
凹坑	长度	内径的 10%	内径的 1.5%	7.6mm	1.0%
	宽度	内径的 20%		15.2mm	
	深度	内径的 1.5%		±0.5%	
	方位	22°		±12°	
部件	弯头半径	±20%	20D	±15%	30D
	弯头长度	±15%		±15%	10°
	弯头方位	±10°		±15%	

椭圆度 $= ID_{max} - ID_{min} / ID_{max} + ID_{min} \times 200(\%)$，其中高精度的还能检测出褶皱，检测门限是 1%。

7.3.2　金属损失检测器

金属损失检测器可对由于腐蚀、第三方破坏等原因造成的金属损失进行检测。其原理就是利用强磁场对管道进行磁化，然后根据探测出的磁通量确定缺陷的大小，根据磁化方向不同有轴向磁通量的腐蚀探测球和环向磁通量的轴向探伤球。

轴向磁通量性能参数参见表 7.3。环向磁通量性能参数参见表 7.4。

表 7.3　轴向磁通量性能参数

	一般缺陷/mm	针孔缺陷/mm	轴向沟纹/mm	轴向槽纹/mm
深度 POD=90%	0.1	0.12	0.2	0.12
深度尺寸精度	±0.1	±0.15	±0.2	±0.17
长度尺寸精度	±15	±12	±15	±12
宽度尺寸精度	±20	±12	±12	±20

注：(1) 深度、长度、宽度的精度都在 80%检测置信度范围内；
　　(2) POD 为检测可能性(probability of detection)。

表 7.4　环向磁通量性能参数

	一般缺陷/mm	针孔缺陷/mm	轴向沟纹/mm	轴向槽纹/mm
深度 POD=90%	0.2	0.2	0.2	0.2
深度尺寸精度	±0.2	±0.2	±0.2	±0.2

	一般缺陷/mm	针孔缺陷/mm	轴向沟纹/mm	轴向槽纹/mm
长度尺寸精度	±15	±10	±10	±16
宽度尺寸精度	±15	±15	±15	±15

注:(1) 深度、长度、宽度的精度都在80%检测置信度范围内;

(2) POD 为检测可能性。

7.3.3　裂纹和涂层剥离检测器

一种新的检测器能够用于探测裂纹和涂层剥离,叫裂纹和涂层剥离检测器。这种检测器在管壁内产生声波,不需要液体耦合剂,产生的声波对表面非常敏感。

其核心是电磁超声换能器。裂纹和涂层剥离检测器是一种新型的超声波发射和接收装置。与传统的压电超声换能器靠压电晶片的压电效应来发射和接收超声波不同,裂纹和涂层剥离检测器利用电磁效应发射和接收超声波。超声波能在一种弹性导电介质中得到激励,而不需要机械接触或液体耦合剂。这种技术是利用电磁物理学原理以新的传感器替代了超声波检测技术中的传统压电传感器;当管壁上有异常出现时,在异常边界处的声阻抗突变产生波的反射、折射和漫反射,接收到的波形就会发生明显的改变。由于基于电磁超声传感器的管壁检测最重要的特征是不需要液体耦合剂来确保其工作性能,因此该技术提供了输气管道超声波检测的可行性,是替代超声波检测的有效方法。

裂纹和涂层剥离检测器如图7.9所示。

裂纹和涂层剥离检测器
(传感器模块)

图7.9　裂纹和涂层剥离检测器

性能参数如下:

（1）管道壁厚（依赖器具的设置）为 5～13mm；

（2）最小深度（母材）为 1mm；

（3）最小深度（焊缝上）为 2mm；

（4）最小长度为 20mm；

（5）相对轴线的方位为 ±18°；

（6）相对管道表面的倾斜为 40°～90°；

（7）涂层剥离检测的类型为煤焦油瓷漆。

7.4　本章小结

本章对清管器的作用及分类进行了详细的介绍。其中，清管器可分为一般清管器和管道内检测器。一般清管器主要有泡沫式清管器、机械式清管器、一体式清管器和球形式清管器。一般清管器主要用于清理管道内残渣、积蜡、结垢等，并确定管道中是否有任何障碍，为管道内检测通球做准备。管道内检测器按功能可分为几何学测径检测器、金属损失检测器，以及裂纹和涂层剥离检测器。这几种检测器可以完成测定管道几何尺寸、检测管道金属损失等工作，是进行管道内检测工作的核心。

进行管道内检测时，要根据检测目的及管道的情况，合理地选择不同种类的检测器。

第 8 章　检 测 流 程

检测流程一般按照图 8.1 所示进行。

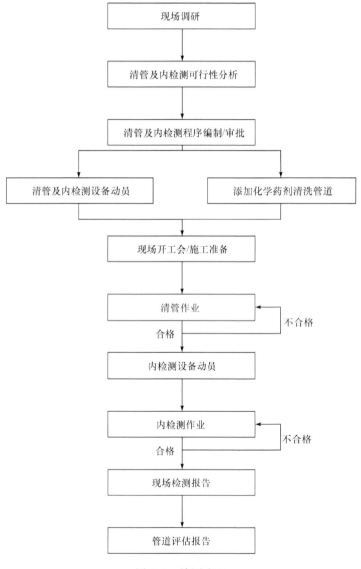

图 8.1　检测流程

8.1 管 道 调 查

确定了对某一管道实施检测后,首要的任务就是通过管道调查对被检测对象的情况了解清楚。对管道进行细致入微的深入调查是非常重要的,因为它是制定管道清管检测方案的重要依据。完成管道调查任务的途径有如下三个:

(1)甲方提供。甲方可以提供该条管线的设计方案、施工图纸和竣工资料,也可以提供管道通过的地理环境等条件。

(2)现场勘查。通过现场勘查,大致了解管道的走向、管道通过的地形地貌、管道路径的起伏程度等。

(3)实地测量。使用专门的仪器设备,精确测量管道的具体位置,有条件的可以测量管道位置的 GPS 坐标。如果需要进行管道测绘检测,精确测量管道的 GPS 是必需的。

管道调查的项目包括以下几类。

8.1.1 管道本身的技术参数

管径。管道的口径一般是指管道的外径,按照 API 标准,管径以英寸为单位,一般为偶数。国内管径通常折算为国际单位制。调查管径时要特别注意管道中是否含有变径管道,这对清管、检测具有很大的风险。

壁厚。长输管道一般要经过很多地区,在相同的设计压力下,不同区域的设计壁厚会有不同。不同的管径,壁厚范围也会有所不同。海洋管道的壁厚等级要高于路上管道。壁厚与漏磁检测精度和灵敏度都直接相关,因此,掌握被检测管道的壁厚范围是非常重要的。

长度。管道长度是制定清管检测方案和预算的主要依据。清管器的耐磨程度、跟踪仪的续航能力、检测器的数据存储空间以及检测器的电池容量等都与被检测的管道长度有关。此处的管道长度是指清管器或检测器发送到接收站之间的长度,一般以千米表示。如果发送接收站之间的距离超出了检测器的最大范围,可采用距离控制的方式分段进行检测。

材质。管道的材质会影响管道的磁化。对于漏磁检测,了解管道的材质特性,通过牵拉试验建立该种材质的漏磁检测试验数据模型,可以保证检测结果的准确性。管道材质一般为 API X52、X65、X80 等。材质不同,硬度不同,磁化曲线不同。

防腐。防腐包括管道的外防腐、管道的内防腐或内涂层。输气管道为了提高输送效率,减小阻力,在管道内壁进行了内涂层处理,需要了解内涂层的材料和涂层厚度,在进行清管或检测时,必须保证对内涂层不能有很大的破坏,应该慎重使用安装有较硬钢刷的清管器或检测器。

8.1.2　管道附属设施

收发球筒。对收发球的情况应该详细测量,包括盲板到大小头的距离、正常管段的长度(大小头到阀门的距离)、旁通管线的位置和口径、平衡管的位置、固定墩的位置、入地弯头的位置和入地弯头的大小等。

中间站。在清管检测期间,如果有中间站存在,中间站必须切换为全越站流程,保证中间站全越站流程干线上满足清管器和检测器的通过条件。同时要调查清楚中间站全越站流程的阀门状况,放置阀门的泄漏或关闭不严导致清管器或检测器滞留在中间站。

阀门。阀门是管道上最常见的设备。一般情况下,阀门全开不影响清管器或检测器的通过,如闸阀、球阀等。对于这些阀门不需要额外处理,只是保证阀门可以全开即可。对于非 API 标准管线上安装的干线阀门往往存在缩径,需要了解阀门通过孔径是否影响清管器和检测器安全通过,还需要了解干线上是否含有单向阀。

弯头。检测是否有小于清管器或检测器通过能力的弯头,是否存在背靠背弯头。

斜接。斜接的角度,管道干线上是否有影响清管器或检测器通过的斜接。

三通。超过 30％管径的开孔三通是否有挡条。花管式三通注意开孔长度,很多管线的花管式三通在施工时错误地将周向展开长度作为开孔长度,由此大于清管器或检测器的皮碗密封间距将导致其直流在三通处。连续两三个三通的间距必须大于清管器或检测器的皮碗间距。

测量仪器。管线干道上是否含有温度计、压力计、流量计等插入管道中,影响清管器或检测的通过,同时也会损坏这些检测仪器。在施工期间应拆除这些仪器。

过滤器。清管器或检测器肯定不能通过过滤器,清管检测期间必须拆除或绕行分段完成。

8.1.3　管道运行参数

运行压力。管道的运行压力应满足检测器的压力范围要求。

输量和流速。输气管道的流速一般较高,若超出检测器的速度范围,可采取降低管道或启动检测器速度控制系统。

温度。原油管道温度较高,检测器允许运行的温度一般不高于 70℃。

管道输送介质。其包括介质的特性,检测是否具有腐蚀性(酸性、碱性、含硫等);原油管道的凝固点及析蜡点等。

8.2　试　通　球

为了保证智能内管检测的成功实施,在投放检测器之前需要进行清管。特别是对于长期未清过管的管道,清管程序需要更加严谨。前期先投放密度小、硬度低的泡沫清球,随后根据通球情况逐步增大泡沫清管器的密度,可以初步了解管道最小直径和清洁程度,为下步清管器类型和清管程序的选择提供基础信息。

试通球依靠背压(水、气、油等介质)作为动力,也可采用其他辅助方式。在发球端放球,收球端出球。发射端和接收端保持通信联络,通过调整背压的大小控制探球的运行速度;通球次数为 4～5 次。探球到达终点后,接收组观察探球是否完整,若完整用增大内径 10～20mm 探球再进行一次,直到探球有损伤,以此探球尺寸确定清管器尺寸。

试通球有如下特点:

(1) 使用简单方便,成本低,变形量大,通过能力强;

(2) 钢丝硬泡沫型可用于清除硬垢;

(3) 加装高性能定位发射机,有利于迅速查找卡堵或破碎位置;

(4) 发生卡堵时可加大压力,使前后压差 0.5～0.8MPa 将其击碎,解除堵管。

8.3　检测前清洗

采用渐进式清管方案可减少清管中的风险。渐进式清管方案每一步清管的实施必须视前一步的清管情况决定是否进行。

(1) 发送等径中密度泡沫清管器(80～100kg/m³)。

考虑到管线中可能存在机械杂质,为了避免机械杂质过多造成清管器卡堵,首先发送直径与管线内径相同的中密度泡沫清管器。清出管线中可能存在部分机械杂质,同时对清管器清出的杂质进行分析判断,为下一步发球做准备。

清管过程中,若该球清管器旁通,可发送过盈中密度泡沫清管器以期将此球推出;若清管器卡堵,此时应停止发送清管器,实施卡堵解决措施;若清管器顺利到达,则进行第 2 步操作。

(2) 发送过盈 3% 的高密度泡沫清管器(密度约为 200kg/m³)。

发送 1 个过盈 3% 的高密度泡沫清管器,对管线进一步清理,除去管线内可能产生的腐蚀垢等。清管器顺利到达后,进行下一步操作。

(3) 发送过盈 3% 的高密度泡沫钢丝刷清管器(密度约为 200kg/m³)。

发送 1 个过盈 3% 的高密度泡沫钢丝刷清管器,对管线进一步清理,除去管线内可能产生的腐蚀垢等。清管器顺利到达后,进行下一步操作。

（4）带92%测径板的等径高密度泡沫清管器(密度约为200kg/m³)。

发送一个带92%测径板的高密度泡沫清管器,对管线进行清管作业,同时可检查管线内部有无大的变形,为发送变径清管器做好准备。

8.3.1　清管球发球操作

（1）施工前将发球工作区域使用反光隔离带进行隔离,与发球作业无关的人员禁止进入发球工作区域。

（2）检测工程师负责提前将清管球组装好,在运行前进行外观检查,确保清管球可正常工作后,将其从工具箱运往发球区域。

（3）在清管作业前,现场操作人员对发球装置、压力表和过球指示器等设备进行彻底检查,并确保其完好;清管球运行期间干线阀门必须处于全开状态。

（4）在实施清管作业前,管道保障队伍就位,并参照应急预案做好相关准备。

（5）在清管球就位后,现场操作人员负责流程的切换和开盲板操作。

（6）发球筒盲板开启后,检测工程师使用防爆工具将清管球推至发球筒变径处,使清管球密封盘起到完全密封作用。

（7）清管球装入发球筒后,现场操作人员负责关盲板,并进行流程的切换,将清管球按约定的运行条件发出。

（8）现场操作人员和检测工程师做好发球前后各种运行参数的记录(包括发球时间、发球压力、温度和流量等)。

（9）现场操作人员对发球筒盲板的密封性进行检查,若发现漏气,重新进行放空,更换密封圈或对密封处进行清理清洗,直至没有泄漏。

（10）清管球在管道内运行期间,检测工程师和现场操作人员需要监控管道输量、压力、温度等工艺参数,每1h记录一次相关数据;并与收发球两端操作人员时刻保持联系,以便遇到异常情况时,及时采取应急措施。

8.3.2　清管球收球操作

（1）施工前将收球工作区域使用反光隔离带进行隔离,与收球作业无关的人员禁止进入收球工作区域,并准备好相关的收球工具,如抹布、吸油棉及污油槽。

（2）现场操作人员负责清管球接收前的收球流程切换,经检测工程师确认清管球已进入收球筒后(用收球指示器、探测仪或温度压力曲线确认),现场操作人员负责流程的切换、收球筒卸压、排污及开盲板等操作。

（3）盲板开启后,检测工程师负责将清管球从收球筒中拉出。

（4）清管球取出后,现场操作人员负责关盲板操作。

（5）清扫收球现场,现场操作人员将流程切换至原始状态。

（6）检测工程师负责将清管球清洗干净后,仔细检查设备是否完好。

（7）现场操作人员和检测工程师负责收集并处理管道内清出的杂物。

（8）检测工程师对管道清出物的状态及重量进行检查,确认是否可以进行下一步通球作业。

8.4　检 测 流 程

8.4.1　检测球发球操作

（1）施工前将发球工作区域使用反光隔离带进行隔离,与发球作业无关的人员禁止进入发球工作区域。

（2）高级检测工程师提前将检测球调试好,在运行前进行模拟运行,检查所有传感器有效后,将其从工具箱运往发球区域。

（3）在运行检测球前,现场操作人员需要对发球装置、压力表和过球指示器等设备进行彻底检查,并确保其完好;检测球运行期间干线阀门必须处于全开状态。

（4）在将检测球装入发球筒前,检测工程师将检测球从调试架调移到发射架上,并将载有检测球的发射架移到发球筒盲板前。

（5）在检测球就位后,现场操作人员负责流程的切换和开盲板操作。

（6）发球筒盲板开启后,现场操作人员将载有检测球的发射架移到发球筒的开口处,要确保发球架托盘与发球筒的位置在轴向和水平方向上保持一致,在就位过程中应确保不损坏筒盖密封圈。

（7）高级检测工程师负责使用防爆工具将检测球推入发球筒中(视现场情况而定,可使用倒链将检测球推入),并用仪器确认检测器已被推到合适位置。

（8）检测球装入发球筒后,检测工程师负责将发射架从球筒的开口处移开;现场操作人员负责关盲板,并进行流程的切换,将检测球按约定的运行条件发出。

（9）检测工程师和现场操作人员做好发球前后各种运行参数的记录(包括发 EGP、CDP 时间,发 EGP、CDP 压力,温度和流量等)。

（10）清理发球现场,现场操作人员负责将流程切换至原始状态。

（11）检测工程师负责对发球筒盲板的密封性进行检查,若发现漏气,重新进行放空,更换密封圈或对密封处进行清理清洗,直至没有泄漏。

（12）检测球在管道内运行期间,检测工程师和现场施工人员负责严密监控管道输量、压力、温度等工艺参数,每 1h 记录一次;收发球端相关人员时刻保持联系,以便遇到异常情况时,及时采取应急措施。

8.4.2　检测球收球操作

（1）施工前将收球工作区域使用反光隔离带进行隔离,与收球作业无关的人员禁止进入收球工作区域,并准备好相关的抹布、吸油棉及污油槽。

（2）现场操作人员负责检测球接收前的收球流程切换，经高级检测工程师确认金属损失检测球已进入收球筒后，现场操作人员负责流程的切换、收球筒卸压、排污及开盲板等操作。

（3）盲板开启后，检测工程师将收球架放到收球筒开口处，要确保收球架托盘与收球筒的位置在轴向和水平方向上保持一致，在就位过程中应确保不损坏筒盖密封圈。

（4）检测工程师负责将检测球从收球筒中拉出到收球架托盘中。

（5）检测工程师负责将载有检测球的收球架从球筒的开口处移开。

（6）检测球取出后，现场操作人员负责关盲板的操作。

（7）检测工程师负责整理收球现场，现场操作人员将流程切换至原始状态。

（8）检测工程师将金属损失检测球清洗干净后，仔细检查设备是否完好。

（9）收集并处理管道内清出的杂物。

（10）高级检测工程师将数据下载，确认数据的完整性，寄回数据分析中心分析。

8.4.3　注意事项

现将检测流程中的注意事项列入表8.1中。

表 8.1　注意事项

	存在风险	安全措施
1	发球筒操作不当，造成人员伤害或设施损坏	提前对所有参与作业人员进行操作规程培训并严格执行，现场进行模拟演练
2	高压导致管线破裂造成人员和设备伤害	对使用的带压管线提前进行耐压试验，对使用临时软管的区域进行悬挂隔离带警示
3	阀门及管线连接处发生泄漏，污染环境	作业前检查所有阀门及管线连接处于正常状态；对新增临时管线进行严密性试验
4	误操作引起流程憋压关断事故	作业前进行培训，确保全体参与作业人员了解程序；现场进行模拟演练
5	油气泄漏，污染环境	加密巡检，发现问题及时处理
6	清管通球过程发生平台失电，短时间内不能恢复，导致清管球在管内浸泡时间过长，增加海管内卡球的风险	泡沫清管器与皮碗清管器都是耐水耐油的材料，出现因停电卡球事故时，只需要按照海管停输再启动程序进行操作即可
7	沟通不畅，作业相互干扰，易发生事故	制定沟通制度；开通一条畅通的沟通渠道，现场作业过程两端平台分别使用"U"段6/7频道对讲机
8	清管球破碎或变形，滞留在海管内，堵塞接收端接收容器的入口阀门处	接收端加强巡检，出现异常通知生产监督进行处理

8.5　测试数据分析

8.5.1　检测数据验收

检测数据质量直接影响检测报告的准确性,检测数据验收就是验证检测数据有效性的过程。因此,在检测器运行完成后,数据分析师应对检测数据进行众多专项数据质量检查,尽快完成对检测数据的验收,评估数据是否可接受,若不完整应及时分析原因,并判断是否需要重新检测。

变形检测数据验收应核实以下内容:

(1) 检测里程完整性;

(2) 探头信号质量;

(3) 周向通道信号质量(单通道测径变形数据除外)。

腐蚀检测数据验收应核实以下内容:

(1) 检测历程完整性;

(2) 主探头信号质量;

(3) ID/OD 探头信号质量。

8.5.2　检测数据初步分析

数据分析师应对质量合格的检测数据进行初步分析,首先利用数据分析软件识别出所有可能影响管道完整性的金属损失特征及变形点,进行人工确认后出具变形检测初始报告及腐蚀检测报告,使管道运营方及时了解管道上存在的严重缺陷点,做好维修准备,避免风险发生。

1) 变形检测初始报告

报告出变形量超过管道外径 5% 的变形点及影响后续检测器通过的变形点。

2) 腐蚀检测初始报告

报告出深度超过管道正常壁厚 50% 以上的严重金属损失点,5 个深度较深的金属损失点及 5 个预估维修比(estimated repair factor,ERF)较大的金属损失点。

8.5.3　检测数据详细分析

检测数据详细分析包括软件自动分析与人工分析两项流程。先进的数据分析软件能够实现对检测数据的自动分析,但是最关键的数据分析工作环节依然需要人工分析工序。数据分析员要接受培训和资格认证,并且检测公司应该制订数据分析规范,确保数据分析师按照严格的质量标准对检测数据进行分析。

1. 自动分析

1）变形检测数据自动分析步骤

（1）环焊缝；

（2）管道壁厚；

（3）变形点识别与量化。

2）腐蚀检测数据自动分析步骤

（1）环焊缝；

（2）管节交点；

（3）管道壁厚；

（4）缺陷识别与量化；

（5）缺陷分类。

2. 人工分析

数据分析员应对软件自动分析不能实现的工作进行人工分析，尤其是对于管道附件如阀门、法兰、弯头、三通、小开孔等应以人工分析。

8.5.4　校对审核

接受了专业培训和认证的数据分析师要对软件自动分析结果进行校对和审核。在校对和审核过程中应对所有的管道特征点进行审核，对于严重的金属损失要进行人工测量。

校对与审核步骤如下：

（1）检查起始零点的正确性；

（2）检查缺陷及特征的正确性（内外部、周向、量化结果）；

（3）检查管道附件的正确性；

（4）检查缺陷安全评估结果的正确性；

（5）检查基本六项列表的正确性：管节列表、特征列表、缺陷列表、参考点列表、壁厚变化列表、焊缝异常列表。

8.6　管道完整性评价

数据分析校对审核完毕后，应根据数据分析得到的缺陷数据，结合管道的实际情况应用含缺陷管道完整性评价软件对检测得到的缺陷进行分析与评价，确定管道当前及将来的完整性情况。

含缺陷管道完整性评价有如下意义：

（1）满足长期的管道完整性管理需要；

（2）保证管道安全、可靠、经济地运行；

（3）确定最大测量时间间隔；

（4）制订合理的维护维修计划，减小维护维修成本；

（5）推荐合适的维护维修方法。

8.6.1 评价数据准备

含缺陷管道完整性评价的数据基础是变形计漏磁检测到的所有缺陷数据，同时还需准备重要的管道参数，包括管径、管道类型、管道材质、管道壁厚、地区类型、设计压力、最大允许操作压力、投产时间、输送介质、防腐保温形式、运行温度、历史检测时间等。

8.6.2 评价方法

检测承包商必须确定适用于被检管道的最佳评价方法，或由管道运营公司选择确定。无论采用何种评价计算剩余强度，均应有据可查。

目前国际通用的评价方法如下（但不仅限于）：

（1）ASME B31G；

（2）Rstreng（修正的 ASME B31G）；

（3）DNV RP-F101；

（4）Shell 92；

（5）BS 7910。

8.6.3 预估维修比

ERF 是管道最大允许操作压力（MAOP）与缺陷处最大安全压力（P_{safe}）的比值，是判定缺陷是否需要立即维修及缺陷严重程度的重要依据。当 ERF 值大于 1 时，表示缺陷处的最大安全压力小于最大允许操作压力，缺陷需要立即维修；反之，当缺陷处的 ERF 小于或等于 1 时，表示缺陷处的最大安全压力大于或等于最大允许操作压力，不需要立即维修。

ERF 的计算公式为

$$ERF = MAOP/P_{safe} \tag{8.1}$$

式中，ERF 是预估维修比；MAOP 为管道最大允许操作压力；P_{safe} 为利用评价方法计算得到的缺陷处的最大安全压力。

8.6.4 腐蚀生长速率估算

漏磁检测器可以检测出当前管道的状态，这一状态可作为时间的函数发生变化。采用漏磁检测器对管道进行周期性的检测,可计算出腐蚀生长速率。

腐蚀生长速率确定普遍使用的方法是依据两次(或多次)检测的数据对比获得,并且腐蚀生长速率计算采用保守的原则。根据腐蚀生长速率金属损失缺陷剩余寿命,判断其在再检测周期内是否需要维修。

$$腐蚀生长速度 = \frac{首次与末次检测的壁厚差(mm)}{末次与首次检测的时间差(年)}$$

8.7 检 测 报 告

随着管道检测行业的飞速发展,管道业主已经不满足于只得到纸质版或者电子版的检测报告文档,而是需要浏览管道检测数据,更直观地查看管道的检测结果,因此用户软件报告应运而生。用户化软件报告具备美观丰富的界面,能够实现检测数据、分析结果查询与各种统计图表间的相互调用,并结合了完整评价功能。

8.7.1 变形检测报告内容

1. 检测工程概述

概述内容至少应包括管道变形状况、检测器技术指标、检测日程表、管道运行参数、清管情况。

变形检测器技术指标应包括:

(1)轴向采样频率或里程;

(2)探头环向间距或环向尺寸分辨率;

(3)探头未覆盖的环向区域(探头之间的间隔);

(4)可检测到的最小变形尺寸(深度、长度、宽度);

(5)最小/最大椭圆度尺寸;

(6)连续记录的探头数量;

(7)时钟位置指示分辨率;

(8)特征相对于上游环焊缝,上有标记的定位精度。

2. 特征统计

以数据、直方图、周向图的形式表示管道上几何变形的分类统计结果。

1)统计数据

统计数据包括如下数据:

(1)全部几何变形点的数量;

(2)全部凹陷点的数量;

(3)全部椭圆变形点的数量;

（4）2％OD≤变形量＜6％OD 的几何变形点的数量；

（5）6％OD≤变形量＜10％OD 的几何变形点的数量；

（6）变形量≥10％OD 的几何变形点的数量；

（7）全部椭圆度数量；

（8）0％OD≤变形量＜5％OD 的椭圆度数量；

（9）5％OD≤变形量＜10％OD 的椭圆度数量；

（10）变形量≥10％OD 的椭圆度数量。

2）统计图

统计图包括如下内容：

（1）所有几何变形点沿管道历程分布的直方图；

（2）所有凹陷点沿管道周向分布的平面图（单通道测径检测除外）。

3）管道特征列表

变形检测特征列表应包括凹陷、椭圆度、褶皱、屈曲、壁厚变化、造成管道内径变化的管道附件等。

对变形点的描述应至少包括以下几个方面：

（1）管道特征名称；

（2）管道特征的检测里程；

（3）管道特征最近参考点的距离；

（4）管道几何变形的变形量（以绝对变形量或与管道外径的百分比表示）；

（5）管道凹陷点的周向位置（单通道测径除外）。

8.7.2　腐蚀检测报告内容

1. 检测工程概述

检测工程概述应包括管道腐蚀状况、检测器技术指标、检测日程表、管道运行参数、清管器情况等内容。

腐蚀检测器技术指标应包括：

（1）数据采样频率或间距；

（2）检测阈值；

（3）报告阈值，如果双方未指定则采用 90％的 POD；

（4）检测器运行速度曲线；

（5）压力曲线和温度曲线；

（6）损坏的传感器统计；

（7）漏磁检测器的磁场强度。

2. 摘要和统计

以数据、直方图和标绘图的形式表示管道上金属损失的分类统计结果。

1) 统计数据

统计数据包括如下数据：

(1) 全部金属损失点的数量；

(2) 内部金属损失点的数量；

(3) 外部金属损失点的数量；

(4) 一般金属损失点的数量；

(5) 坑状金属损失点的数量；

(6) 周向和环向凹沟的数量；

(7) 满足 $0\%t \leqslant$ 深度 $< 10\%t$ 的金属损失点的数量；

(8) 满足 $10\%t \leqslant$ 深度 $< 20\%t$ 的金属损失点的数量；

(9) 满足 $20\%t \leqslant$ 深度 $< 30\%t$ 的金属损失点的数量；

(10) 满足 $30\%t \leqslant$ 深度 $< 40\%t$ 的金属损失点的数量；

(11) 满足 $40\%t \leqslant$ 深度 $< 50\%t$ 的金属损失点的数量；

(12) 满足 $50\%t \leqslant$ 深度 $< 60\%t$ 的金属损失点的数量；

(13) 满足 $60\%t \leqslant$ 深度 $< 70\%t$ 的金属损失点的数量；

(14) 满足 $70\%t \leqslant$ 深度 $< 80\%t$ 的金属损失点的数量；

(15) 满足 $80\%t \leqslant$ 深度 $< 90\%t$ 的金属损失点的数量；

(16) 满足 $90\%t \leqslant$ 深度 $< 100\%t$ 的金属损失点的数量；

(17) 满足 $0.6 \leqslant ERF < 0.8$ 的金属损失点的数量；

(18) 满足 $0.8 \leqslant ERF < 0.9$ 的金属损失点的数量；

(19) 满足 $0.9 \leqslant ERF < 1.0$ 的金属损失点的数量；

(20) 满足 $ERF > 1.0$ 的金属损失点的数量。

2) 统计直方图

统计直方图应提供管道全程的如下数据：

(1) 所有金属损失点的数量；

(2) 满足深度 $< 0.4t$ 的金属损失点的数量；

(3) 满足 $40\%t \leqslant$ 深度 $< 60\%t$ 的金属损失点的数量；

(4) 满足 $60\%t \leqslant$ 深度 $< 80\%t$ 的金属损失点的数量；

(5) 满足深度 $> 80\%t$ 的金属损失点的数量。

3) 标绘图

标绘图包括：

（1）ERF＝1 时曲线的判断标绘图,标绘图的横坐标为金属损失长度,纵坐标为金属损失深度;

（2）管道全程所有金属损失周向标绘图;

（3）管道全程所有内部金属损失周向标绘图;

（4）管道全程所有外部金属损失周向标绘图。

3. 严重金属损失全面表述表

严重金属损失全面评价表应包括最少 10 个最严重金属损失的相关信息。如果没有规定,可为 5 个基于深度,5 个基于预估维修比。具体内容应包括:

（1）金属损失所在管节的长度和直焊缝或螺旋焊缝在接头开始和结束的交点时间;

（2）金属损失所在管节上下游各三节管节的长度和直焊缝或螺旋焊缝交点时间;

（3）金属损失的里程;

（4）壁厚;

（5）上游参考环焊缝距上游参考点的距离;

（6）下游参考环焊缝距下游参考点的距离;

（7）金属损失距上游参考点的距离;

（8）金属损失距下游参考点的距离;

（9）金属损失的环向位置;

（10）特征描述和尺寸;

（11）GPS 坐标(进行测绘检测);

（12）内/外部指示。

4. 管道特征列表

特征列表内容应包括金属损失、焊缝、弯头、三通、小开孔、法兰、阀门、管套、补丁、定位磁铁、贴近的金属等。

对金属损失的描述应包括以下几个方面:

（1）特征的里程位置;

（2）特征名称;

（3）特征所在管节的长度;

（4）特征距最近参考点的距离;

（5）特征距上、下游焊缝的距离;

（6）特征的周向位置;

（7）特征的尺寸;

（8）ERF；

（9）内/外部指示；

（10）GPS 坐标（进行测绘检测）。

8.7.3　完整性评价报告内容

对检测到的所有缺陷进行统计分析，以文字、统计图表的形式进行描述，阐述通过统计数据所反映出的管道中可能存在的问题。通过使用合适的评价方法，对管道检测到的金属损失缺陷进行评价，结合管道的运营要求，给出不满足当前完整性管理要求需要立即维修的金属损失缺陷点。对管道中存在的腐蚀生长速率进行统计分析，结合管道运营条件，对管道进行寿命预测。根据管道运营管理中的维护维修能力以及维护维修预算制定合理的再检测周期。

（1）分类分析内检测得到的缺陷数据；

（2）提供缺陷是否可接受的建议；

（3）确定管道存在不可接受的缺陷并提供合理的维护、维修建议；

（4）结合管道相关数据，预测管道的腐蚀生长速率；

（5）确定缺陷的维修次序，制订合理的维护、维修计划；

（6）制定合适的再检测时间。

8.7.4　用户化软件报告内容

用户化软件报告主要为了便于管道运营管理方管理检测数据，为管线的生产运营提供及时有效的帮助。

用户化软件报告应实现原始检测数据、分析查询结果与各种统计图表间的相互调用，并应结合完整性评价功能。

用户化软件报告应具备原始检测数据浏览操作功能，以便用户可与未来检测数据信号进行直观的对比分析。

开挖单应自动输出，能够为用户生成任意缺陷的开挖信息，全面、准确、直观地为用户提供全面的开挖定位信息。

总之，用户化软件报告能使用户一目了然地了解管道的健康状况，能够全面查看检测结果，操作原始数据，快速查询各种功能的图表，按这种条件检索分析结果，提供信息全面的开挖单功能。

1）缺陷统计列表

缺陷统计列表包括：

（1）金属损失总体统计列表；

（2）金属损失深度统计列表；

（3）金属损失 ERF 统计列表；

（4）深度金属损失总列表；

（5）严重金属损失列表；

（6）变异列表。

2）管道信息统计列表

管道信息统计列表包括：

（1）管节列表；

（2）壁厚变化列表；

（3）管道附件列表；

（4）弯头列表；

（5）注释列表。

3）图形报表

图形报表包括：

（1）管道评估图；

（2）金属损失分布图（基于深度）；

（3）金属损失分布图（基于 ERF）；

（4）金属损失面积/体积/数量图；

（5）金属损失分布平面图；

（6）金属损失周向分布图；

（7）管道壁厚变化图；

（8）速度图/压力图；

（9）温度图/磁场变化强度图。

8.7.5　检测成果提交

在合同规定日期内,完成检测上数据分析和报告出具工作,并至少提供如下报告：

（1）检测的电子版与纸质版；

（2）完整性评价报告的电子版与纸质版（视合同规定）；

（3）用户化软件报告；

（4）检测结果验证报告。

8.8　本 章 小 结

本章对海底管道内检测的整体流程进行了详细的介绍。

海底管道内检测的整体流程包括管道调查、试通球、清管、通管道内检测器、测试数据分析以及管道完整性评价。其中,管道调查对管道进行内检测的可行性进行分析,是制定内检测方案的依据;试通球和清管操作清除管道内的杂质,为后续通管道内检测器做准备;通管道内检测器用于收集管道检测所需的数据;测试数据分析用于验收内检测器所收集报告的有效性,直接影响检测报告的准确性;管道完整性评价以多种指标作为参考,反映了管道的运行状态。

此外,检测报告的生成也是十分重要的。检测报告将管道的状态直观清晰地呈现给用户,在检测工程中具有重要的意义。

第9章 应急程序

9.1 旁　　通

如果管道内壁有异物将清管器刮破或将其挤压造成清管器磨损严重,流动介质就会产生旁通,在发送直径小于等于管线内径的清管器时,可能会由于旁通造成清管器滞留海管或长时间不能收球。

若超过 1.5 倍清管器运行计算的时间,清管器仍未到达收球筒,可视为清管器旁通。

相应的解决措施是多次提高海管输量,诱使清管器向前运行。

9.2　卡　　球

9.2.1　卡球原因分析

卡球是清管时最容易发生的故障,也是清管作业中最大的损失和危险。若不能解卡,由于找球难度较大,割管或换管将造成巨大的损失,所以应分析如何避免卡球故障,卡球后怎样处理。常见卡球的原因有以下几个方面:

(1) 管道变形。由于施工造成管道损坏,或在管道运营过程中,由于外界力(如地震、地壳移动和地表重载车等)的作用使管道受力变形,从而引起卡球事故。

(2) 阀门选型不对。根据清管工艺要求,管道阀门必须为全通径阀门。在所有类型的阀门中,从清管的角度考虑,最好选择球阀。因为球阀操作迅速,最不容易堵塞,而且大多数球阀具有双重限位装置,定位比较准确。

(3) 阀门没有处在全开位置。由于操作不正确或执行机构限位产生变化,致使阀门开、关不到位。在清管之前一定要对管道阀门进行检查,保证阀门处于全开位置。

(4) 在三通处卡球。在三通处卡球主要是由设计原因造成的,当支管管径和主管管径相差不大或采用等径三通,同时又没有挡条或挡条设计不合理时,就很容易造成卡球故障。对于主管径为 762mm 以下的三通,其支管管径大于主管管径的 75% 时,推荐使用挡条。同样,对于主管径大于 813.8mm 的三通,其支管管径大于主管管径的 50% 时,推荐使用挡条。对于不同口径的三通,选择不同的挡条形式。对于大口径管道,建议采用桥式挡条,以保证有足够的韧性,防止断裂。

(5) 在弯头处卡球。在清管管路上,选择弯头的正确曲率半径非常重要。曲率半径为 1.5D 的弯头只能用于使用清管球的管道;对于管径为 50.8mm、76.2mm、101.6mm 的管道,则应选用曲率半径为 10D 的弯头;对于管径小于或等于 304.8mm 的管道,应选用曲率半径为 5D 的弯头;对于管径大于 304.8mm 的管道,则应选用曲率半径为 3D 的弯头。

(6)清管器连发时容易造成卡球。在实际施工中,为了提高效率、节省时间等,经常采用连发清管器或采用清管器和清管球组合的方式,但这种情况较容易造成清管器的堵塞。当连发清管器时,尽管错开一段时间,但由于密封等问题,后面的清管器经常会赶上前面的清管器。这时,起密封作用的是后面的清管器,后面的清管器推着前面的清管器走,当碰到弯头或前后清管器产生相对角度时,后面的清管器会将前面的清管器或清管球紧紧地推向管壁,造成堵塞。而且前后压差越大,堵塞得越紧。因此当管道发生卡球故障时,不能一味地增压,要根据具体情况而定。为了避免这种情况的发生,应从两方面着手。第一,改善清管器结构,尤其是前部和后部,做到当后边清管器推前边清管器时,前边清管器不产生倾斜。第二,选择合理的发球工艺,尽量延长两个清管器的间隔时间,根据经验,以 30～50min 为宜。如果是清管器和清管球组合发放,以先发清管器后发清管球为宜。

(7)清管器磨损严重。清管器的密封皮碗不但有清扫管道的作用,而且通过皮碗的密封,可产生压差,提供动力,促使清管器向前运行。所以一旦皮碗磨损到不能密封的程度,清管器将可能停止运动。如果气流较大,清管器将继续以低于气流的速度前进,最后皮碗被磨完,固定皮碗的法兰盘直接和管道摩擦,对管道造成很大的损伤。清管器磨损的因素主要有以下几方面:皮碗的质量差,管道中有较多研磨功能的颗粒,压差高,运行速度低,管道内表面较粗糙,介质黏度低,管径小。

(8)机械损伤。设计原因或速度太快造成振动过大,从而使螺栓松动,造成皮碗或直板脱落,甚至造成骨架断裂。同时,清管器高度加速在弯头处将造成更大的损伤,所以控制球速相当重要。对于普通清管,球速一般为 2～7m/s,对于内检测清管,球速一般为 0.5～4m/s,速度太快,将会丢失数据。当然,不同阶段的清管速度是有变化的。

9.2.2　卡球解决措施

在卡球时,一般采用图 9.1 所示的流程。

针对不同的卡球原因采取如下相应的解卡措施。

1)清管器尺寸选择不当

确保皮碗与管壁紧贴达到密封,皮碗的外径应大于管道内径,但皮碗外径越大,其与管壁的摩擦力就越大。不同种类的清管器的最优过盈度不同,橡胶皮碗对管线的过盈率为 4%左右,而聚氨酯皮碗的过盈度为 1%～3%时为较优。如果选择的皮碗外径过大,可能会造成清管器与管道的摩擦力过大,引起清管器卡堵事故。

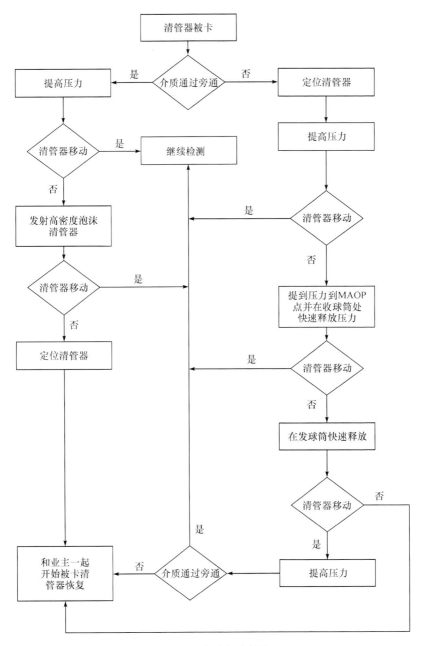

图 9.1 卡球解决措施

相应的预防措施是：在进行清管工作之前必须十分清楚地了解清洗管线的走向、管径、变径、变形和管道积蜡厚度等情况，选择适当大小的清管器，并且根据管线情况和清管器的尺寸计算清管器运行中的最大阻力和管线提供的最大压差，以进行安全性校核。

2）清管器损坏

如果管道内壁有异物将清管器密封板或皮碗刮破或清管器磨损严重，油流就会绕过清管器，不能推动清管器前进。

相应的解决措施是再发射一个清管器，将残留在管内的清管器一起推出。

3）阻力较大

由于遇到较大阻力，泡沫球卡在管内，使管线堵塞，流动介质不流动（没有收到泡沫球，流动介质流量接近零、上游压力快速上升）；若清管器前后上下游压差达到0.5MPa，可视为清管器卡堵在管线中。

首先，通过增加上游压力同时减小下游压力增大泡沫球前后的压差，迫使泡沫球移动，或是下游憋压，然后突然释放管线出口，产生瞬时压降，迫使泡沫球移动（考虑到海管运行时间较长，海管强度未知，为降低清管风险，在清管期间保证压力不超过管道最大承压）。如果还不能解堵，考虑反推或者反推再正推的方式推动清管器（首先解决单向阀限制级反推积液的暂存问题）。

4）清管球被阀门或者三通卡住

为了防止此情况的发生，在发送清管球时，一定要仔细对待检测的海管进行调查，确认所经过的三通、阀门不会对通球造成影响，否则，必须对其进行改造后才能通球。

9.3　本章小结

进行管道内检测的过程中，不时会出现一些意外情况。及时排查处理所遇到的故障，能够保证内检测顺利进行，避免巨大财产损失的发生，其具有重要的意义。

本章主要介绍了旁通和卡球两种较为常见的故障，以及这些故障发生时所采取的应急程序。故障发生时，及时按照合理的流程进行处理，能够最大限度地避免损失。

参 考 文 献

代莉莎.2012.油气管道通径检测器技术研究进展.油气储运,31(11):808-813.

邓晓辉,邓卫东,廖伍彬,等.2010.番禺气田天然气管道积液及清管可行性分析.全面腐蚀控制, 12:40-43.

方华灿.2002.油气长输管线的安全可靠性分析.北京:石油工业出版社.

冯庆善,倪敬金.2009.裂纹内检测技术应用于管道螺旋焊缝的可行性分析.油气储运,11: 45,46.

高照杰,粟京,贾旭.2003.带损伤海底石油管线的安全评估.海洋工程,21(1):53-59.

国家能源局.2012.天然气管道运行规范(SY/T 5922—2012).北京:石油工业出版社.

国家能源局.2014.油气管道内检测技术规范(SY/T 6597—2014).北京:石油工业出版社.

国家能源局.2015.承压设备无损检测第12部分:漏磁检测(NB/T 47013.12—2015).北京:石油 工业出版社.

国家能源局.2016.输气管道系统完整性管理规范(SY/T 6621—2016).北京:石油工业出版社.

何东升,郭简,张鹏.2007.腐蚀管道剩余强度评价方法及其应用.石油学报,28(6):125-128.

黄维和.2001.油气管道风险评价技术的研究及应用.油气储运,20(10):1-10.

康宜华,孙燕华,宋凯.2010.ERW 管焊缝缺陷漏磁检测方法可行性分析.测试技术学报,2: 99-104.

李爱国.2003.具有腐蚀缺陷的在役海底管道剩余强度的评估研究[硕士学位论文].天津:天津 大学.

李成钢.2013.油气管道清管器分类研究.化学工程与装备,10:97-99.

梁洪涛.2003.腐蚀海底管道可靠性评估方法研究[硕士学位论文].天津:天津大学.

林俊明.2006.漏磁检测技术及发展现状研究.无损探伤,30(1):1-5.

刘林林.2016.舰船流体管道无损检测技术应用的可行性分析.时代农机,3:71-73.

刘颖,廖柯熹,刘长林,等.2008.含腐蚀缺陷管道的剩余强度评价方法.天然气与石油,(02).

刘勇,沈立华,王悦民.2012.基于超声导波的舰船流体管道无损检测技术可行性研究.无损探 伤,5:8-11.

罗云.2010.风险分析与安全评价.北京:化学工业出版社.

帅健,张春娥,陈福来.2007.腐蚀管道剩余强度评价方法的对比研究.天然气工业,26(11): 122-125.

王丹丹,崔矿庆,倪剑,等.2015.单层海底管道内腐蚀直接评价的可行性分析.广州化工,12: 149,150.

王冬旭,贺常兵,林伟国.2011.非介入式气体管道泄漏检测的可行性研究.管道技术与设备,1: 20-22.

王菊凤.2006.工程项目的风险评价研究.北京:科学出版社.

王翔,赵东风.2013.不同级别腐蚀管道剩余强度评估方法对比研究.腐蚀科学与防护技术, 25(1):85-88.

魏效国,黄民.2016.超声波探测排水管道的可行性研究.机械工程师,1:4-6.

徐慧,王诗鹏,杜鹃,等.2015.海底管道内检测技术方案的确定.天然气与石油,1:6-10.

徐引涛,李垚,蒋永亮,等.2014.新型无源输油管道清管器的可行性研究.机械工程师,5:17-19.

严大凡,翁永基,董绍华.2005.油气长输管道安全评价与完整性管理.北京:化学工业出版社.

赵国藩,李云贵.1987.旧有结构性能评估.大连理工大学学报,31(6):688-692.

赵金洲,喻西崇,李长俊.2005.缺陷管道适用性评价技术.北京:中国石化出版社:192-205.

中国石油天然气集团公司.2007.天然气管道检验规程(Q/SY 93—2007).北京:石油工业出版社.

周廷东,刘日柱.1998.我国海底管道的发展状况与前景.中国海上油气(工程),10(4):1-5.